PERSUASIVE ANYWHERE

任何场合说服任何人

说话有逻辑，分分钟打动人心

叶舟 ◆ 著

江西人民出版社
Jiangxi People's Publishing House
全国百佳出版社

图书在版编目（CIP）数据

任何场合说服任何人 / 叶舟著. -- 南昌 ：江西人
民出版社，2016.8
ISBN 978-7-210-08594-2

Ⅰ．①任… Ⅱ．①叶… Ⅲ．①说服—语言艺术 Ⅳ.
①H019

中国版本图书馆CIP数据核字（2016）第153455号

任何场合说服任何人

叶舟 / 著

责任编辑 / 胡滨 刘荆路

出版发行 / 江西人民出版社

印刷 / 固安县保利达印务有限公司

版次 / 2016年8月第1版

2016年8月第1次印刷

710毫米×960毫米　1/16　14.5印张

字数 / 100千字

ISBN 978-7-210-08594-2

定价 / 32.80元

赣版权登字-01-2016-392

前　言

　　生活中，我们总是不可避免地要与人打交道，沟通交流。比如，让孩子按时完成作业，买商品时与对方讨价还价，与家人商量到哪儿去游玩，跟老板提加薪，与同事商量中午去哪儿吃饭，周末跟朋友到哪里去购物，老板让员工多干活，说服面试官录用你，说服女朋友嫁给你……可以说，我们无时无刻不生活在"说服"与"被说服"之中。每当这时候，因为各自的出发点、观点不一致的状况就会经常出现，无论是谁，潜意识里都希望对方能"服从"自己，认可自己的观点，那么这就需要掌握点说服技巧，学会任何场合说服任何人。

　　20 世纪美国著名的黑人领袖弗里德里克·道格拉斯曾那么自信地说："如果我能说服别人，我就能转动整个宇宙。"是的，如果你能在任何场合说服任何人，那么你将心无所惧，无往不前，无事不成！

　　英国著名诗人拜伦曾经有这样一个故事：有一次，他在街边散步，看见一位盲人在乞讨，他走过去，看到盲人身前还挂着一块牌子，上面写着："自幼失明，沿街乞讨。"拜伦足足站了一个小时，也没有看到一个人伸出爱心之手，给这位盲人捐赠。接下来，拜伦便在盲人身前的牌子上，加了一句话。也正是这句话，改变了人们对这位盲人的态度，让更多人纷纷伸出了援助之手。

那么到底是哪句话这么富有魔力呢？拜伦在牌子上加的那句话正是："春天来了，我却看不见她。"正是这句话激起了人们的同情心，大家纷纷同情起这位盲人的不幸。单单一句，"自幼失明，沿街乞讨。"没有任何说服力，而拜伦加的这句"春天来了，我却看不见她。"却极具说服力，一下说中他人的内心深处，更有力地说服他人对这位盲人献出爱心。

每个人在找工作时，都经历过面试，那么你能成功说服总经理录用你吗？英国《泰晤士报》著名的总编西蒙·福格在获得这份工作时，便是经过自己精心的准备策划，从而成功说服总经理的。

他在面试的时候，问道："你们需要一位好编辑吗？"（他不是上来问，你们需要一位编辑吗？而是直接就问你们需要一位好编辑吗？言下之意自己就是好编辑。）对方头也没抬的拒绝了他。接着，西蒙·福格又问："好记者需要吗？""不需要。"总经理还是很干脆地拒绝了他。西蒙·福格没有气馁，再一次问道："那么，排版、校对的呢？"这时，总经理有点不耐烦地说："都不需要。很抱歉，我们现在没有空缺。"

这时，西蒙·福格从包里拿出事先准备好的一块很精致的牌子，说："我想，你们一定需要这个。"边说边递给总经理。总经理看到后，有些震惊，也被西蒙·福格新颖、独特的求职方式所打动，破格给他安排了一个职位。

当然，西蒙·福格做得很好，25年后，成为这家报社的总编辑。

那么这个牌子上到底写了什么呢？是"额满，暂不雇用"。西蒙·福格正是凭借这块事先准备好的"额满，暂不雇用"的牌子说服了总经理，得到了这份工作。

拥有说服力是多么的重要啊！它能帮助你最快地获得你想要的，达到你的目的，也会获得老板、同事和朋友的支持与尊重。没有谁天生具有说服力，说服可以说是一种技能，好比你开车，通过不断学习和练习，就能学会。

《任何场合说服任何人》一书，从十个方面，通过实用、有效的技巧来告诉你如何拥有说服力，如何才能在任何场合说服任何人，扩大自己的影响力，进而成就自己的非凡事业，愿每一位读过这本书的人都能从中获益。

目 录
Contents

第三章 何必逞口舌之强，说服而不是制服

第四章 攻心说服力，话不在多攻心就行

第五章 注重形式，怎样说服比说什么更重要

第八章 给对方好处,利益互换最具说服力

第九章 混淆动机,强调双方的共同目标

第十章　说服有禁忌，那些让说服力大打折扣的错误

第一章

自信沟通完美说服，
让对方无法拒绝你的要求

自信是一种说服力，自信的表达是成功说服的第一步。在说服的过程中，一开始可能会被拒绝，但只要你有自信，坚持下去，日后对方就会被你的自信与激情所打动。假如你因为别人的怀疑或否定而犹豫、退缩，那么打败你的不是别人，而是你自己。

言语自信，更添魅力

有些人说话很大胆，给人一种开阔感；有些人说话则唯唯诺诺，让人觉得沉闷。有这类差别，虽然存在表述技巧优劣等因素，但更大程度上还是性格的原因。一般来讲，自信的人讲话的时候更富激情，也更能引起别人的注意。不自信者则往往相反，即使给别人讲述一个很好的道理，对方有时也会半信半疑。这种性格上的差异，直接影响着我们说的话在别人那里受到重视的程度。

蜚声世界影坛的意大利著名电影明星索菲亚·罗兰之所以能够成为令世人瞩目的超级影星，是和她对自己价值肯定以及她的自信心分不开的。

为了生存，加上对电影事业的热爱，16 岁的罗兰来到了罗马，想在这里涉足电影界。没想到，第一次试镜就失败了，所有的摄影师都说她够不上美人标准，都抱怨她的鼻子和臀部。没办法，导演卡洛·庞蒂只好把她叫到办公室，建议她把臀部削减一点儿、把鼻子缩短一点儿。一般情况下，许多演员都对导演言听计从。可是，小小年纪的罗兰却非常有勇气和主见，拒绝了对方的要求。她说："我当然懂得因为我的外形跟已经成名的那些女演员颇有不同，她们都相貌出众，五官端正，而我却不是这样。我的脸毛病太多，但这些毛病加在一起反而会更有魅力呢。如果我们的鼻子上有一个肿块，我会毫不犹豫把它除掉。但是，说我的鼻子太长，那是无道理的，因为我知道，鼻子是脸的主要部分，它使脸具有特点。我喜欢我的鼻子和脸的本来的样子。说实话，我的脸确实与众不同，但是我为什么要长得跟别人一样呢？我要保持我的本色，我什么也不愿改变。"

正是由于罗兰的坚持，使导演卡洛·庞蒂重新审视，并真正认识了索菲亚·罗兰，开始了解她并且欣赏她。

罗兰没有对摄影师们的话言听计从，没有为迎合别人而放弃自己的个性，没有因为别人而丧失信心，所以她才得以在电影中充分展示她的与众不同的美。而且，她的独特外貌和热情、开朗、奔放的气质开始得到人们的承认。后来，她主演的影片《两妇人》获得巨大成功，她也因此而荣获了奥斯卡最佳女演员奖。

一个人没有自信，从某种程度上说就是对自己不信任，那么，在沟通中，别人在心理意识上对你会有种忽视，这样很不利于与他人建立良好、公平的人际关系。一个人如果没有自信，其言语的影响力就弱，所要表达的思想就不能被有效地传达，也不利于和他人进行有效的沟通。

一个人没有自信，那么他在别人心目中的印象就会大打折扣，因为大多数人还是喜欢和自信的人在一起的。有自信的老板不喜欢唯唯诺诺的员工，因为这样的员工不能提供有创意的想法。

　　做人就是要自信起来。当然自信不是自负，那种觉得自己哪一方面都很强、都很优秀的方式是不好的，会给人以轻浮感。但在自己的专业领域内或者是自己感兴趣的方向，一定要表现出自信来。我们不期望自己以一个全能者的身份出现，但至少我们要有自己能够很好地掌控的领域。这样，我们才能得到更多人的认同。

　　自信是可以传染的。跟一个自信的人对话，会让人感觉振奋，因为通过他们的自信，也让我们对自己增加了信心。因此，想要让自己的话有更多人听、有更多人信，就要培养一种积极自信的心态。然后将这份自信传递出去，用自信的口吻跟人说话，会让人觉得你很优秀，也很有实力。而不自信、不确定性的口吻，则会让人产生怀疑。

　　自信说起来是一件极为简单的事，但做起来就没那么简单了。尤其是一个本来不自信的人，想要变得自信，是需要一个过程的。首先就是要看到自己的优点，而不是看别人的优点然后拿来跟自己的缺点比。前者会让我们觉得自己优秀，从而产生自信，后者会让我们觉得自己太过平庸从而滋生自我怀疑情绪。

做专业领域内的"话语权威"

　　每个人都有自己的长处，也都有自己的短处。不过有的人的长处是能引起别人共鸣的，是大家都想要的，而有的人的短处是相对来说能引起共鸣少的，是大家所不太在意的。于是，我们的生活中便出现了很多优秀的人和一些不够优秀的人。

1957年4月8日，邓小平在西安干部会上作了题为《今后的主要任务是建设》的报告演讲，他将西安的城建问题比拟为"骨头"和"肉"的关系。他认为西安市的城市规划摆得满满的，实际上里边空的地方很多，注意了"骨头"，对"肉"重视不够，应该办的商店、理发店等服务性行业没有注意办。他表示，我们国家那么大，搞点富丽堂皇的东西以表示新气象是应该的，但同时，应多搞些商店、戏院、电影院、学校等，"肉"的问题就解决了。邓小平在这里的生动而又有说服力的比拟，道出了经济工作中的辩证关系。"骨头"指工业、交通、高楼等大的建设项目，"肉"是指配合生产和生活需要的多种设施建设，如科研、文教、卫生、商业服务网点、职工住宅和城市公用事业等。

周总理的领导艺术、大将风范历来为人们所称道。他在不同场合下所作的演讲中善譬巧喻、富理深刻，具有很强的教育启发性。比如，在谈到对敌的战斗檄文中要抓住要害而不要四面出击时，他以这样的比喻来启发听众："一个猎手的好坏不在于他一下子打出多少发子弹，而在于他是否能一枪命中靶心。"而在长征胜利后缅怀死难的烈士、鼓舞士气时又用了这样的比喻："我们红军像经过一场暴风雨的大树一样，虽然失去了一些树叶，但保存了树身和树根。"失叶存根形象贴切地反映了革命所付出的代价，表示了对烈士们怀念的心情，又体现了长征取得胜利后的喜悦乐观的情绪。

郭沫若演说也喜欢用比喻。1937 年他从日本只身潜回祖国参加抗日，上海地下党组织各界人士集会，欢迎他与获释的"七君子"返沪。会上，有人喜欢鼓吹"一党专政"和抗日必须依于"政府"之下。郭沫若作了一个精彩的发言，说："政府好像是个火车司机，人民好比火车上的乘客。司机、乘客是向着同一目的地的，乘客应该一致服从司机开车，才能达到共同的目的地。但是，如若说我们开车的司机是个喝了酒的醉汉，或者他已经睡着了，这个时候全车乘客都将有生命之危，怎能安全到达目的地？这样我们就不能再服从他了。我们不但不服从他，而且应该叫醒他了。"会场上掌声雷动，他接着说："即使他没喝醉，没有咋着，则这个司机不是个好司机，那他也是不会注意安全行车的。像前面轨道上堆放着许多石块、障碍物，他还是硬向前开，全车乘客的生命安全危在旦夕，这时我们全体客人为着自己的生命、为着胜利到达目的地，也就不能盲目地服从他，大家应该命令他停车，应该赶快下车，一齐动手把石块、障碍物搬掉。"郭沫若的这个比喻取自日常生活，明白易懂又说理透彻，无可辩驳。他有力地回击了"一党专政"的鼓吹者，大快人心，赢得全场长久不息的掌声和欢呼声。

邓小平、周总理和郭沫若所说的话具有权威性，这是因为他们都是对自己所熟悉的事情发言。

　　我们要学习的就是这点，将自己擅长的领域很骄傲地讲出来。当我们这么做的时候，我们本身传递的就是一种自信。这份自信，可以让我们获得更多的好评，别人也会通过我们的表达觉得我们很是优秀。

　　不要觉得自己不如别人，所谓"尺有所短，寸有所长"，每个人都有自身的优点，也都有自己擅长的领域。将这些大声喊出来，自然就有更多人听。一个人用自信的语言介绍自己所擅长的领域的时候，哪怕对方听不懂，也会被这份自信和坚定所感染，从而觉得这个人是一个有魅力的人。

肢体语言也会"说话"

　　早在两千年前就有一位古罗马的政治家、雄辩家说过："一切心理活动都伴随着指手画脚等动作。双目传神的面部表情尤其丰富，手势恰如人体的一种语言，这种语言甚至连最野蛮的人都能理解。"一位在华讲学的心理学教授与一群聋哑儿童不期而遇，居然能用欧美流行的手势语言同他们顺利交流。事后，这位教授风趣地说："用手势语交流比不懂英文的人用手势比划更方便、更省事。"

　　由此可见，运用手势语以及其他一些肢体语言的变化所要表达的思想和情感内容更加丰富，更具吸引力和说服力。

　　不管是私下里的谈话还是公开场合的演讲，都不仅仅是用嘴说那么简单，还要配合很多的动作、表情。这些虽是辅助，但如果将这些做好了，那么就可以为我们的讲话加分，如果做不好，则会减分。

雨果说过："眼睛是灵魂的窗户，是人们认识世界的窗户。"心理学家苏赞也说："眼睛能够暴露一个人心中最大的秘密。不管他在说什么，他的眼睛都会告诉你他正在想什么。如果瞳孔扩大、眼睛大睁，那就表明他听到了什么令他高兴的事，抑或你说的话使他感觉良好。如果瞳孔缩小，那就表明情况正好相反，即他听到了什么他不喜欢的事情。如果他的眼睛眯缝起来，那就表明你大概是告诉了什么他不相信的话，于是他感到他有理由不相信你或不相信你说的话。"在说话过程中，眼睛能够把人的思想感情、心理变化、品德学识、性格修养和审美观念等都展现给听众。

讲话从来都不是一件单纯的事，不仅要靠说，还要有很多其他的辅助。如环境，如果在一个庄严肃穆的大厅中，我们大谈理想就会给人一种振奋感，觉得这理想是可信的。如果在繁华的闹市中大谈理想就不会有那么大的冲击力，因为这个环境就不对。

同样，一个人站在那里一动不动地讲话，跟一个肢体语言丰富不停做些手势、表情的人讲话，也是有很大区分的。前者让人感觉枯燥和乏味，而后者更能营造一种代入感，情绪渲染力更强。

千万不要小看这些辅助手段，很多时候它们是能够起到大作用的。因此，想要提高自己的讲话能力，不仅要联系表达技巧，更要懂得用诸多的肢体语言去配合。只有这样，才能让我们的演说更加贴切，也更有感染力。

讲自己相信的，别人才能信

一个讲话高手，通常不仅是言之有物，还要言之有理。听他们讲话，不仅能够丰富自己的见闻，还能明白许多道理，让自己的逻辑思维能力获得提升。

因此，如果我们想要成为一个讲话高手，不仅要拓宽自己的知识面，还要延伸自己的见识深度。只有有了足够的见识，清晰的逻辑，才能够说出别人说不出的道理来，才能让人更加敬佩你。

一般来说，每个人都是对自己的观点持自信态度的，总觉得自己的观点是对的，而觉得跟自己不同观点的人或多或少都有些问题。在这种情况下，如果想让人觉得你说得有理，就要花费一番功夫了。最好的方法是，能说出那些人人眼中有但人人口中无的道理来。只有那样，才能给自己树立一个明理的形象。

中国人民历来有赞颂说真话的美德。在最早《韩非子·外诸说·左上》中，关于曾子杀猪教子的故事一直盛传不衰。曾子把妻子开玩笑说的话付诸行动，将猪杀了，让孩子相信母亲的诺言。曾子的妻子未必是在有意欺骗孩子，然而曾子却还是坚持了一种最可贵的精神，不让妻子说假话，不跟孩子说假话。

远离假话的同时，我们也要摒除大话。

两个珠光宝气的女人在炫耀自己家庭的富有。

"您知道吗？我们家里的厨师换得可勤了，家里人吃同一厨师做的饭菜，最多不过 3 天就不爱吃了。"

"谁说不是呢！为了换厨师方便，我们家的厨房门口装了一个旋转门。"

像这种大话除了能博得我们一笑之外，没有任何意义。说大话在口才表达上不但不能给你的话题增辉，反而令你的话题和观点黯然失色。墨子曾对他的学生说，话说得太多，就像池塘里的青蛙，整夜整日地叫，弄得口干舌燥，却没有人注意它；但是鸡棚里的雄鸡，只在天亮时啼，却可以一鸣惊人。说话何尝不是如此，与其说一大堆废话，不如简洁明了讲几句。现代人时间观念增强了，说废话空耗别人宝贵的时间，对人对己都是一种极大的浪费。

一个言之有理的人，在别人的眼中一定是知书达理的人，在我们的文化中，一个知书达理的人总是会被人高看一眼的。而且他们本身自信，更是让他们的话语增添了几分力量。因此，如果给人这种印象了，也就不愁没人不认同我们了。

大多数的孩子都喜欢吹肥皂泡，被吹出来的肥皂泡在阳光下闪耀着艳丽的光泽，非常美妙。随着五彩泡泡的不断升高，它们一个接一个纷纷破碎。所以人们常把说空话喻为吹肥皂泡，这真是再恰当不过了。一些充满各种动听、虚幻诱人的词句，细细咀嚼却没有任何实在内容的话，迟早是会像肥皂泡一样破灭的。

说话的目的是为交流思想，传达感情。因此，总得让人家知道你心中要表达的是什么。只要开口，不管是洋洋万言还是三言两语，不管话题是海阔天空还是一问一答，都应使人一听就懂。

一些人惯于用一些现成的套话来代替自己的语言。三句话不离套词，颠来倒去那么几句，既没有思想性，更没有艺术性，令人听后味同嚼蜡。

想要言之有理，首先要做的就是脑中有理，因而，我们要养成喜欢观察和思考的习惯。更重要的是要看一些思辨的图书，增强自己的思维能力，只有这样，才能看到别人看不到的，从而说出别人说不出的。

当我们可以经常性地说出别人说不出的道理的时候，自然就成了讲话的高手了。那时候，我们身边的人也自然就会认同我们了。

无论被拒绝多少次，都不要闭嘴

人想要成功，就要有坚持精神。只有通过坚持不懈的努力，才能达到最终的目标。如果遭遇一点点的困难就想要放弃，那么无论如何也无法获得我们想要的成功。

其实，不仅事业上如此，讲话也一样，都需要有坚持的精神。当我们给别人讲述一个我们自以为很正确的道理的时候，常会被别人抵触。因为他们内心中对我们所言说的领域也早已有了固定的观点，且认为那是对的。因此，当我们想要改变他们的看法，让他们跟我们保持一致的时候，首先要认识到，对方有抵触情绪。

这时候，就需要一些坚持的精神了。不要觉得对方有抵触情绪就轻易放弃，不时地提起，给他们耐心讲解我们的理由，总有一天会改变对方。这就是坚持的作用！不仅在跟人说理的时候要如此，被客户拒绝的时候更要如此。要不停地说，不管被人拒绝了多少次，都不能选择主动闭嘴，这样成功率才会高。

辩论赛上，如果能得到多数裁判员和观众的好评，那就是胜利了。这种多数决定原则不仅适用于辩论赛，更是一种民主的表现。

重要的是，即使 10 个人里有 4 个人反对，得到了其余 6 个人的支持也是一种成功。同样，100 个人里有 51 个人支持，也可以说是出色的胜利。

得到所有人的支持几乎是不可能的。人与人之间有价值观和生理感觉的差异，比如说，"我讨厌那个发型""我无法理解那种服装风格"或是"那种说话方式很自以为是"；而且也有话语上的分歧，如"我们的想法有根本性的差异"。

一个大阪的经营者说过："10 个人里，不可能所有的人都跟你签约，即使连续 9 个人都拒绝了你，你也要相信最后一个人会跟你签约，而且工作的质量提升了，签约的数量也就跟着增多了。"

拥有"不能得到所有人的支持"这样的心态，心情就会好一些，而后再根据自己的信念去行动就可以了。

带着这种自信和自尊生存就相当于有了自身的定向，自己的定向可以影响到整个人生。

当然，想要做到坚持说，首先要解决一个问题。很多人被人拒绝之后就不再开口了，之所以这样不是不明白只有继续说才有说服对方的可能，而是觉得接着说显得很没面子，甚至有的人被拒绝之后便觉得对方没有善意，从而怀恨在心。其实大可不必。

想想看，我们不是也经常拒绝别人吗？总结一下我们拒绝别人的理由就会发现，我们其实没有恶意，不过是有诸多不方便的条件，所以不想在某个时刻跟某个人交谈而已。如果被我们拒绝的人换个时间再来，我们很可能愿意跟他们聊。而拒绝我们的人，也是这么想的。所以不要觉得被拒绝之后便是没了面子，从此不再上那人的门。

多一些坚持精神，被人拒绝之后不闭嘴，才能完成更多的说服。

创办了"哲学的学校"的古罗马斯多葛学派哲学家爱比克泰德说过："即使你受到侮辱，是否把发生的事情看作侮辱也总是由你来决定的。"

和"说话方式"一样，"听话方式"也因人而异，不同的人对对方的说话方式的理解也会有所不同。如果把某人的发言不当作是批判，而以大声激励来理解的话，也可以积极地致力于工作。

莎士比亚说过一句特别有用的话："善意地理解别人的话语，你就比平常人聪明很多倍。"

多给自己鼓励，让对方更加无法拒绝你

一个人不仅要懂得如何对别人讲话，也要偶尔对自己讲话，给自己鼓励、为自己加油、帮自己打气。只有这样，才能保持激情和自信，有了激情和自信之后才有去说服别人的情绪和动力。

所谓的对自己讲话，也就是要懂得自我鼓励。很多人都没有这个意识，他们给别人讲述道理的时候说得很明白，可是一旦自己遭遇同样的境况便不知所措了，从而开始一蹶不振，失去了往日的激情和活力。这时候，不仅自己的情绪无法调节，也没有激情再去说服别人了。

所以，若想要真正让自己保持激情，就要坚持不懈地给自己加油鼓劲，要给自我以力量。世界很复杂，也很现实，在我们情绪低落的时候，很少能有人及时来到我们身边并给予有效的劝解。这时候就要靠自己了。完成自我鼓励，然后带着激情重新上路，才能去说服更多的人。

在现代社会，已不是谦卑有加、礼让三分的时代，人们要学会鼓励自己，鼓励自己去做那些看起来很难办到的事情，让别人看到你，知道你的存在、知道你的能力。认真体会"鼓励自己"的奥妙。

从古至今，敢于自荐的人是很不容易的。自荐者不仅要有足够的胆量、勇气，而且还要具有对自身价值的高度自信，对完成某项任务有自己独到的见解和主张，并抱有强烈的事业心和责任感。毛遂之所以敢于自荐，正是有这样的勇气和信心做保障。从现时看，自荐者往往会遭到一些人的妒忌和各种各样的非议，甚至诽谤。因此，领导者满腔热情地鼓励和爱护自荐者，并给他们以切实有力的支持就显得十分必要。只有这样，才能最大限度地发掘和利用人才资源，避免抑善蔽才。

在一家出版社的编辑部里，进来一位求职的女孩。这个女孩是一个会鼓励自己、大胆的人，她英文很好，想到出版社来当编辑。出版社因为目前没有英文书的出版计划，没有用她，但把她推荐给一位同行，因此，这个女孩有了很好的工作。

出版社的负责人后来曾谈及此事，这个女孩的英文能力并不如她自己描述得那么好，但她敢于毛遂自荐，至少表现了她主动积极和勇于向陌生人、陌生事挑战的一面，谁都会喜欢这样的人。

大凡生意场上的老板总是无利不起早，为赚钱而煞费苦心，老板用人亦是如此，主动积极富有挑战精神的人是最适合他的。

现代社会竞争太激烈了，"待价而沽"或"三顾茅庐"的时代已经过去了，你如果不主动出击让别人看到你，知道你的存在和实力，那你就可能丧失良机。

在工作岗位上，亦可发挥鼓励自己的精神，推荐你自己去做某项工作或担任某项职务。尽管热门的职务和工作角逐者众多，这种鼓励自己毛遂自荐的效果不会太大，但总给了自己一个机会。

　　面对困难的工作，那些鼓励自己并毛遂自荐的人成功率相对较高。如果你有能力，可自告奋勇挑战那人人避之唯恐不及的工作。因为别人不愿意做，你的毛遂自荐可以凸显你的存在。如果一战成功，你当然是唯一的英雄。如果失败了，也可学到宝贵的经验。

　　讲话传递的不仅是理念，更是一种情绪和态度。因此，如果想要让更多人愿意听我们讲话、喜欢听我们讲话，就要在给别人讲话的时候保持一种积极阳光的心态。而想要永远有这种心态，自我鼓励是必不可少的。多跟自己聊聊天，给自己一些力量，我们充满了正能量之后，才能点燃别人。

　　世上没有什么可怕的事情，主要看能不能坚持。只要坚持住了，总会有出头的那一天，怕的就是遇到一点困难就止步不前了。这样的人，是不会成功的。经常性地给自己一些鼓励，让自己有坚持的动力、有奋斗下去的激情，这样才能传递出更多的激情。当我们给别人传递激情的时候，也就是别人被我们说服、开始认同我们的时候了。

掌握好说话方法才能更快地说服他人

　　心有所思，口有所言。通过语言这个窗口，可以窥视人的内心世界，而社交正是在不同思想的支配下的语言交锋。因此，通过语言把握对方思想活动的脉搏，自然是获取人际交往胜利的关键。

我们与人交往时说话的内容固然重要，但别人对你的评价如何，你给别人的印象是好是坏，很大程度上是由你的语言表达方式决定的。

应该承认，在社会交往中注意自己的说话方法，是开口说话至关重要的一个环节。

有的时候，谈话的重点会在我们轻松自在的说话中明显地表达出来；有的时候，我们以平和的心态与人说话，也会留给对方深刻的印象；有的时候，我们怒气冲冲地与人讲话，能给人留下深刻的印象；甚至有时候，我们与人说话时心不在焉，却依然能够表达自己要讲的意思。

这是为什么呢？这就是因为在不同心态下用不同的说话方法，可以决定我们能否把该强调的重点充分地表达出来。

当然，一个人在与人说话的时候始终保持一份好的心情，肯定能加深别人对他的好感；反之，说话时装模作样、自命不凡、优越感太强的人便不会得到别人的认同，朋友也会离他越来越远。

说话应该做到条理分明，因为有关你的工作能力、教育程度、知识水平、兴趣爱好、审美追求等许多方面的情况，皆是通过你的言谈表现出来的。一个说话东拉西扯而没有层次的人，很难让人明白他究竟想要说什么。

所以，一个人说话不能掌握正确的方法，不能强调重点、言语没有分寸，他的社交活动肯定劳而无获，不会有什么好结果。

任教于美国明尼苏达教育学院的罗伯·格林教授，曾请求参加一次研讨会的 75 位来宾分别写下自己焦虑不安的原因。

结果，令人焦虑不安的主要原因有：

"当我还没有讲完话的时候，其他的人已开始发表自己的意见，使得我的话头被打断。"

"不听别人讲话，自己一味地说。"

"在讨论会上，别人只想发表意见而忽视自己的言论。"

"说话时有被人轻视的感觉。"

"话讲到一半，忽然被人打断。"

"怕讲不明白。"

"对方是否在认真听。"

"自己讲话过于片面。"

"话讲到一半便失去了兴趣。"

"对方无故沉默。"

我们在人际交往中是否也犯过上述这些毛病，是否也因此而无意伤害过别人呢？

现在，你不妨先用下面这些问题来检查一下自己。

开始与别人交谈时，会希望别人快点说完吗？

和不熟悉的人说话时，会觉得不知道说啥吗？

与对方交谈时，你还会想其他事情吗？

是否时常会有找不到话题的时候？

不喜欢别人为你介绍陌生人吗？

是否时常会有想不出好措辞的时候？

是否常常想中断对方的谈话？

即使和亲朋好友谈话，也会有没有话题的时候吗？

当你讲话时，是否感觉到其他人的坐立不安？

对方是否常常会中断你的谈话？

与人交谈时，争执的情形多吗？

你觉得用家常话会很难和别人交谈吗？

是否觉得自己不够幽默？

在会谈的时候，你是否会认为提早结束比较好呢？

是否常常请求对方赶快说明情况？

是否一讲起来就没完没了？

常想教导别人吗？

是否时刻在维护自己的形象？

以上这些问题，如果你有 7 个以上的回答是"是"，那么你就有必要注意说话的技巧了。掌握正确的说话方法能使我们判断出自己的想法是否合乎情理，同时也能让别人对我们有一个正确的评价，时间一长自然能给人们留下良好的印象。

第二章

说服对方时，
步步引导对方说"是"

《影响人类行为》一书中，有这样一句话："一个'不'字所造成的连锁反应是最难克服的障碍。当一个人说'不'字后，为了保持人格尊严，他就不得不把自己的观点贯彻到底。即便是最后发现是自己错了的时候，但出于自尊，他已无法回头。"因此，在说服的开始就一定要引导对方说"是"。

让你的语言具有诱导性

一些谈话高手，是很善于运用语言的诱导的。在说服中，运用一定的语言诱导是很重要的，但是，运用语言诱导的时候必须强调话语的合适性，确保使用的语言能够达到一定的说服效果。如果语言运用不适，有可能会加重被说服者的不利情况，或是给客户带来负面的影响。

在说服的过程中，应该正确地使用引导语，以使说服取得理想的效果。同时，语言诱导不可滥用，一定要恰到好处。

1. 要有目的性地进行语言诱导

在进行语言暗示的时候必须有一个明确的目的，要有一个所要实现的目标作为指引，不能任意地去发挥语言，而必须让说服过程中所有的语言指向要完成的心愿。例如，你要说服客户购买你的产品进行减肥，在设计以减肥为目的的暗示语时，必须围绕着减肥进行。你可以暗示客户说："想象一下，使用了这个产品后你身材越来越好了，你再也不用担心那些热量很高的食物了，你会实现想要的体重……"

要想实现暗示的特有效果，必须让设计的说服语言指向一个专有的目的，不可没有目的或是目的不够单一的去进行说服活动。

2. 你的语气一定要带有诱惑性

同样的语言，在一流的销售员口中会带给人强大的暗示和指引，而让普通人说来却显得毫无价值，这就是在说话的过程中使用了一定的技巧。销售员的目的在于引导客户进入说服中，并且可以毫无防备地接受销售员所施加给他的各种语言暗示，因此如何让这些有价值的引导语言完全的进入人的意识中，就需要一定的专业经验的积累。

如果在说服中依然使用和平常一样的腔调，甚至依然采用命令性的语气，可能会丧失客户的信任和好感。语气要轻柔且让人感觉到像是一种来自遥远的引导指令，让人们可以在毫无防备的情景下自然地接受这些指令。

3. 诱导用词要具有适当性

在诱导进入说服的过程中，要注意运用合适的时间词，让这些代表时间的词或短语引起人们的注意力，起到较强的效果。如："在决定拥有这件产品之前，你真的想感受一下它的功效吗？"这句话让人将注意力引导到是否要感受产品功效，而且还假设他会试用这件产品。"在你完成这项计划前，我想和你讨论点东西。"这句话假设了你将会完成这项计划。这些合适的时间副词会让人产生不一样的理解力，恰当的运用带有假设含义的语言，如："你打算多快做这个决定？"暗示了你一定会做出决定；"你准备什么时候开始更进一步合作？"暗示了你已经处在合作状态，同时你还要继续合作下去。

对于一些带有否定色彩的词语，在运用的时候也要根据实际情况酌情使用。如"在你没有做好充分准备前，不要轻易购买"，暗示了你一定会购买，同时暗示一个人去做充分的准备。这种恰如其分的暗示，会让客户对你更信任。

说服语言的运用不是简单地把话说出来就完事了，需要有一定的技巧，以使简单的语言收到更加有效的影响。也许，在我们试图说服客户的时候说了一大堆的好话都没起作用，而一句一针见血、抓住要害的简单话语则可能收获难以预想的效果，这就在于合适的话语可以带来人们不一般的体验，引起人们心灵上的共鸣。

总之，利用语言诱导对他人进行暗示和说服，必须在实践中融会贯通、灵活运用。只有把握住分寸和尺度，才能实现你想要的效果。

引导他人说出真实意图

在说服他人的过程中，他人经常会提出一些异议和拒绝。但一个谈话高手早就料到会如此，也会引导他人说出真实意图的，引导客户向你设定的预期方向转化。这一点在销售的过程中更为常见，下面以销售为例重点讲述。

1. 提前进行巧妙的暗示

销售员在开始同客户会面时，就应留意向客户作些对商品的肯定暗示，从而使对方说不出拒绝的理由。例如：

"夫人，您的家里如果装饰上本公司的产品，那肯定会成为邻里当中最漂亮的房子！"

"本公司的储蓄型保险是您最好的投资机会，5年后开始返还，您获得的红利正好可以支付您儿子的大学费用！"

做出诸如此类的暗示后，要给客户一些充分的时间，以便这些暗示逐渐渗透到客户的思想里、进入客户的潜意识里。

当你认为已经到了探询客户购买意愿的最好时机时，你可以这样说：

"夫人，您刚搬入新建成的高档住宅区，难道不想买些本公司的商品为您的新居再增添几分现代情趣吗？"

"为人父母，都要尽可能地让儿女受到最良好的教育，怎么样？您考虑过筹集费用的问题吗？我劝您向本公司投保。"

"您有权花钱买到最佳商品，你可别错过这个机会，买我们的商品吧！"

只要你在推销一开始，就利用这个方法给客户一些暗示，客户的态度就会变得积极起来，等到进入推销过程中，客户虽对你的暗示仍有印象，但已不认真留意了。当你稍后再试探客户的购买意愿时，他可能会再度想起那个暗示，而且还会认为这是自己思考得来的呢！

客户经过商谈过程中长时间的讨价还价，办理成交又要经过一些琐碎的手续，所有这些都会使得客户在不知不觉中将你预留给他的暗示当作自己所独创的想法，而忽略了它是来自于他人的巧妙暗示。因此，客户的情绪受到鼓励后定会更热情地进行商谈，从而避免了那些节外生枝的拒绝与异议的提出，直到与你成交。

2. 使客户的拒绝变为接受

尽量避免谈论上让对方说"不"的问题，而在谈话之初，就要让他说出"是"。推销时，刚开始说的那几句话是很重要的，例如：

"有人在家吗？……我是汽车公司派来的。今天，我是为了轿车的事情前来拜访的。……"

"轿车？对不起，现在手头紧得很，还不到买的时候。"

很显然，对方的答复是"不"。而一旦客户说出"不"后，要使他改为"是"就很困难了。

因此，在拜访客户之前，首先就要准备好让对方说出"是"的话题。

例如，对方一出现在门口时你就递上名片，表明自己的身份，同时说：

"在拜访您之前，我已看过您的车了，这间车库好像刚建没多久嘛!……"

只要你说的是事实，对方必然不会否认，而只要对方不否认，自然也就会说"是"了。

就这样，你已顺利得到了对方的第一句"是"。这句话本身，虽然不具有太大意义，但却是左右销售进程的一个关键。

"那您一定知道，有车库比较容易保养车子喽？!"

这样一来，你不就得到第二句"是"了吗？

如果对方真的要拒绝，那不仅仅是口头上的一声"不"，同时，他所有的生理机能（分泌腺、肌肉等）也都会进入拒绝的状态。

然而，一句"是"却会使整个情况为之改观。

所以说，比"如何使对方的拒绝变为接受"更为重要的是，如何不使对方拒绝。

3. 不怕拒绝，引出客户的真心话

"考虑看看再说"也是客户经常使用的拒绝理由之一。话虽然说得婉转，但真正的想法可能是："我听腻了你那一套说辞，反正我又不打算买，随便敷衍一下，使一下缓兵之计。"在这种情况下，推销员倘若认为目前时机尚未成熟，真的请客户好好考虑一下，日后再来听取佳音，就未免太过"死板"了！要处理这种状况是有点棘手，因为客户会说出这句话，多半是在推销员已经做了相当程度的说明后，就算勉强再运用其他拒绝语言处理，效果也不会很好。

销售员："可是您先前也说过孩子的教育费用……"

客户："所以我才说要再考虑一下！"

销售员："但是……"

客户："你实在很烦！让我多考虑一下不行吗？"

即使客户先前一直表示赞同，但是面临重要关头却又退缩时，重提此事只会增加客户的厌恶。所以，必须改变一下方式，从另一个角度去引出

客户真正的想法，比如"你是很想买，但是缴费负担太重"，若能让客户说出真心话就有希望进一步去促成。

从"不"到"是"是高明的隐秘说服术

进行隐秘的说服时，最怕对方一开口就说"不"，这是最不容易克服的障碍。

每个人都有自己的观点和立场，人们从潜意识里就不愿意被别人说服。当一个人发现有人试图说服他时，他第一个反应就是表示反对。好像只有对别人说"不"，才能显示自己的存在，才能突出自己的地位和重要。

当一个人说出"不"字后，为了自己人格的尊严，他就不得不坚持到底。事后，他或许觉得自己说出这个"不"字是错误的，可是，他必须考虑到自己的尊严。他所说的每句话都必须坚持到底，所以使人在一开始的时候就往正面走是非常重要的。

要想成功进行隐秘说服，在刚开始的时候就要想办法得到很多"是"的反应，唯有如此，他才能将听者的心理往正面的方向引导。

有一个推销员爱力逊的故事，从事销售工作的人可能会从中受一些启发。

在爱力逊负责的推销区域内，住着一位有钱的大企业家。他们公司很想卖给他一批货物，过去那位推销员几乎花了 10 年的时间，却始终没有谈成一笔交易。爱力逊接管这一地区后，花了 3 年时间去兜揽他的生意，可是也没有什么结果。

经过 13 次不断的访问和会谈后，对方才只买了几台发动机，可是爱力逊希望——如果这次买卖做成，发动机没有毛病的话，以后顾客就会买几百台发动机。

发动机会不会发生故障？爱力逊知道这些发动机是不会有任何故障的。过了些时候，爱力逊去拜访他。那位负责的工程师见到爱力逊就说："爱力逊，我们不能再多买你的发动机了。"

爱力逊心头一震，就问："什么原因？难道我们的发动机有什么问题吗？"

那位工程师说："你卖给我们的发动机太热，热得我的手都不能放在上面。"

很显然，他是在找借口，就是不想买发动机。只要有一点常识的人都知道：要将手放在正在运行的发动机上根本就是不可能的。

爱力逊知道如果跟他争辩是不会有任何好处的，过去就有这样的情形，现在，爱力逊想运用让他说出"是"字的办法。

爱力逊向那位工程师说："史密斯先生，你所说的我完全同意。如果那发动机发热过高，我希望你就别买了。你所需要的发动机，当然不希望它的热度超出电工协会所定的标准，是不是？"他完全同意，爱力逊获得他的第一个"是"字。

爱力逊又说："电工协会规定，一台标准的发动机可以较室内温度高出华氏 72 度，是不是？"

顾客说："是的，可是你的发动机却比这温度高。"

爱力逊没和他争辩，只问："工厂温度是多少？"

顾客想了想，说："嗯——大约华氏 75 度。"

爱力逊说："这就是了。工厂温度是华氏 75 度，再加上应有的华氏 72 度，一共是华氏 147 度。如果你把手放在华氏 147 度的物体上，是不是会把手烫伤？"

他还是说"是"。

爱力逊向他建议："史密斯先生，你别用手碰发动机，那不就行了！"

他接受了这个建议，说："我想你说得对。"

他们谈了一阵后，他把秘书叫来，为下个月订了差不多 3 万元的货物。

爱力逊费了几年的时间，一直进展不大，最后才知道争辩并不是一个聪明的办法。应该充分了解对方的想法，设法让对方回答"是"，那才是一套成功的办法。

希腊大哲学家苏格拉底改变了人们思维的方式，直到今天还被尊为有史以来最能影响世界的劝导者之一。他的说服技巧现在被称为"苏格拉底辩论法"，就是让对方不停地说"是"。他提出的问题中所包含的观点，都是他的反对者愿意接受并且同意的。他连续不断地获得对方的同意、承认，最后使反对者在不知不觉中接受了在数分钟前自己还坚决否认的结论。

让对方心甘情愿地说"是"

在大多数时候，人们喜欢通过争辩来说服一个人。但是，争辩的结果是：任凭你争得面红耳赤，往往只会激怒对方却不能说服他。

事实上，争辩不是个好办法。要说服对方，首先就是要避免争辩，让对方心甘情愿地说出"是"字。就要在之前提出几个对方肯定的问题，这样在人的惯性思维作用下，对方很容易对原本反对的事情做出肯定的答复。

某单位原考虑向一家汽车制造厂购买一辆4吨车，后来为了节省开支又打消了主意，准备购买另一家的2吨小卡车。汽车制造厂得知这一消息后，立刻派出有经验的推销员走访该单位的主管，了解情况并争取说服该单位仍旧购买该厂的产品。这位推销员果然不负众望，马到成功。谈话是这样开始的：

推销员："您需要运输的货物平均重量是多少？"

主管："那很难说，2吨左右吧！"

推销员："有时少，对吗？"

主管："对！"

推销员："究竟需要哪种型号的卡车，一方面要根据货物的数量，另一方面也要看在什么公路上行驶，您说对吗？"

主管："对。不过……"

推销员："假如您在丘陵地区行驶，而且在冬天，这时汽车的机器和本身的压力是不是比平时的情况下要大一些？"

主管："是的。"

推销员："据我所知，您单位在冬天出车比夏天多，是吗？"

主管："是的。我们夏天的生意不太兴隆，冬天则多得多。"

推销员："那么，您的意思就是这样，您单位的卡车一般情况下运载货物为2吨，有时会超过2吨，冬天在丘陵地区行驶，汽车就会处于超负荷的状态。"

主管："是的。"

推销员："而这种情况也正是您生意最忙的时候，对吗？"

主管："是的，正好在冬天。"

推销员："在您决定购买多大马力的汽车时，是否应该留有一定的余地比较好呢？"

主管："您的意思是……

推销员："从长远的观点来说，是什么因素决定一辆车值得买还是不值得买呢？"

主管："那当然要看它能正常使用多长时间。"

推销员："您说得完全正确。现在让我们比较一下。有两辆卡车，一辆马力相当大，从不超载；另一辆总是满负载甚至经常超负荷，您认为哪辆卡车的寿命会长呢？"

主管："当然是马力大的那辆车了！"

推销员："您在决定购买什么样的卡车时，主要看卡车的使用寿命，对吗？"

主管："对，使用寿命和价格都要加以考虑。"

推销员："我这里有些关于这两种卡车的数据资料。通过这些数字您可以看出使用寿命和价格的比例关系。"

主管："让我看看。"（主管埋头于资料中）

推销员："哎，怎么样，您有什么想法？"

主管自己动手进行了核算。这场谈话是这样结尾的：

主管："如果我多花5000元，我就可以买到一辆多使用3年的汽车。"

推销员："一部车每年可盈利多少？"

主管："少说也有五六万吧！"

推销员："多花5000元，3年盈利十几万，还是值得的。您说是吗？"

主管："是的。"

在上述的例子中，一桩濒于绝境的生意凭这位推销员的巧舌挽救回来了。这位推销员从客观分析到给出建议，无不体现了自己的专业。顾客一旦觉得你是内行人，就会十分乐意地听取你的建议，你的销售也就完成了。

让客户不停地说"是"，是一种十分有效的手段。销售如此，其他场合也是如此。它能够使对方在不知不觉中进入你早就计划和安排好的交易之中，从而为你的说服成功增加筹码。

用 6+1 提问法让对方说"是"

心理学上发现，如果能够连续地问他人 6 个问题并且让对方回答 6 个"是"，那么第 7 个问题或要求提出以后，对方也会很自然地回答"是"。

在国外，许多公司甚至请心理学家专门设计出一连串让客户回答"是"的问题。

下面是销售过程中的一个典型的实例：

销售人员沿街敲门，客户打开了门。

他的第一个问题就是："请问您是这家的主人吗？"一般都会回答"是"。

第二个问题："先生（女士），我们要在这个社区做一项有关健康的调研，相信您对健康问题也是相当关注的吧？"对方也会回答"是"。

第三个问题："请问您相信运动和保健对身体健康的价值吗？"大多数人都会回答"是"。

第四个问题："如果我们在您的家里放一台跑步机，让您试试，您能接受吗？当然是免费的。"因为是"免费"，一般人都不会拒绝。

第五个问题："请问我可以进来给你介绍一下这台跑步机的使用方法吗？以方便您使用。但是过两个星期，我们会麻烦您在我们的回执单上填上您使用的感觉，我们是想做个调查，看看我们公司的跑步机使用起来是不是很方便。"

在这种情况下，几乎所有的客户都不会拒绝销售人员进门推销他的产品。

接下来，销售人员会接着问专家们已经设计好了的问题，而客户做的只是不停地点头，到最后，很多客户都会心甘情愿地花上几千元钱买一台跑步机。

这就是利用了"6+1"成交法。在这样的模式之下，销售人员可以顺利地开始介绍产品，并且成功地缔结客户，是一种非常简单又实用的销售技巧。再看看下面的一个案例：

销售员："请问一下，您是否认同高效的生产是获得利润的最主要的因素？"

客户："当然了，生产率提高了，利润自然也就上去了。"

销售员："考虑到目前的市场情况，您是否认为技术改革会有利于生产出符合需求的畅销产品？"

客户："可以这么说。"

销售员："以前你们技术更新对你们产品的生产有帮助吗？"

客户："当然有帮助。"

销售员："如果再引进新的机器，可以把你们的产品做得更细更好，那么是否有利于提高贵公司的竞争力呢？"

客户："那是肯定的。"

销售员："您确实是一个具有前瞻性的人，刚才已经向您展示了我们的产品，如果您能够按照我们的方法进行试验，并且对实验的结果满意，您愿意为厂里添置一些这样的机器吗？"

客户："当然可以，但是你们的价钱必须合理才行。"

销售员："这是我们的价目表，您看还行吗？"

客户："嗯，倒可以考虑一下。"

销售员："那我再给您介绍一下产品的特点吧！"

客户："可以的。"

销售员："请问您主要看中产品的什么方面？"

……

就这样，销售员把话题首先集中在生产效率上，运用一个又一个的问题让客户给予肯定的回答，让客户认可他的产品的优点，并且使得客户对其价钱方面也认可，最终很有可能会成交。

找到说服的关键点

找到说服的关键点。说服的关键点不在于你说了什么，而是你听到了什么。是否找到了说服的关键点，第一，要找出对方对你的意见接受度有多高；第二，要找出对方反对的真正理由是什么；第三，要找出对方释放出同意的讯号。

下面以销售为例，重点讲述：

一对老夫妇来看一所房子，当销售员把客户领到房间后，客户看到房间里的地板已经很破旧并变得凹凸不平，但当他们走到阳台上看到院子里有一棵茂盛的樱桃树，两位老人立刻变得很愉快。

老妇人对业务员说："你这房子太破旧了，你看地板都坏了。"

销售员看到了他们对樱桃树的喜爱，就对客户说："这些我们都可以给你们换成新的，最重要的是院里的这棵樱桃树，一定会使你们的生活更加安详舒适。"说着销售员把老人的目光引到屋外的樱桃树，老人一看到樱桃树马上变得高兴起来。

当他们走到厨房时，两位老人看到厨房的设备很多已经生锈。还没等客户抱怨，销售员就对他们说："这也没有关系，我们会全部换成新的，同时，最重要的是院里的这棵樱桃树，会让你们喜欢这里。"当销售员提到樱桃树时，客户的眼睛立刻闪出愉悦的光芒。

在这个故事中，"樱桃树"就是客户买下这所房子的"关键点"。销售员通过观察客户的表情变化，敏锐地发觉在客户的潜意识中对樱桃树的喜爱。他能够迅速抓住这一点，因势利导，对客户进行种种暗示，给了客户一个购买的理由，从而及时发现、唤起甚至创造客户内心对于产品和服务的需要，恰到好处地对其进行说服，结果取得了成功。

销售员如果找不到说服的关键点，就是无的放矢。客户几句话就把他打发了，这是很失败的说服。比如：

销售员："您好，我们又推出了一款新牛奶，有什么什么特点，您看您需要不？"

客户："不需要。"

销售员："但是我们的牛奶确实很棒……"

客户："这跟我有什么关系呢？我从来不喝牛奶，可我活得很好！"

销售员："……"

如果使用下面方法，就能容易被客户接受：

销售员观察订户一段时间，发现客户缺钙，找准合适的地点，比如上楼时，对客户说："您当心点，看您很累，我来搀您上去。"

客户："谢谢你了，老了，腿脚不好了。"

销售员："怎么能这么说呢，您还要再享几十年福呢。上点年纪的人钙流失得快，要注意补钙，这样腿脚才利索。"

客户："可不是吗？不过吃钙片补充效果不是很好。"

销售员："喝奶效果不错，因为人绝大多数营养都是从饮食中获得的。阿姨，您看这样，我们刚好有低脂高钙的鲜奶，您喝喝试试。"

客户："听起来确实很好，那我就试试看。"

后面这位推销员之所以能成功说服客户，就在于他发现了"客户缺钙"这个要害，从而以此为切入点。

综上所述，要使说服获得成功，就要找到客户的需求点，找到客户的弱点与软肋进行重点突破并及时满足客户。把销售的理由变成客户需要购买的理由，由销售员"我要卖"转变为客户"我要买"。以客户为中心、以需求为导向，找到客户的软肋，这才是说服的关键所在。

所以说，要想任何场合都能说服任何人，在说服的时候一定要找到说服他人的关键点，否则只能是事倍功半。

让他人自己说服自己

说服他人已是不易，让他人自己说服自己，岂非更难？事实上，这并不难做到。具体来说，可以采用两种方式：

1.让他人在了解所有信息的基础上，自己做决定

无论你要说服客户购买什么产品，你都必须先让客户知道有关产品的所有讯息，包括产品性能、工作原理、使用方法等。

这样做的好处是：一取得客户的信任，二是让客户有了参与感。满足了这两个条件，就可以保证让客户作出购买决定。

客户之所以决定成交，就是因为他们相信在销售过程中，这个重要的决定是自己的主张。这时候，你要不失时机地赞扬客户的这项主张。客户在洋洋自得之际，就算你要阻拦他购买，他也会全力维护自己的决定。那就等于客户反过来说服自己，也就是客户自我说服。

2.让他人（特指客户）陷入自我矛盾之中

假如你能让客户陷于自我矛盾当中，客户就会维护自己的观点，即使这个观点是错误的，他也不好意思更改。

章扬是一位经验丰富汽车推销员，他的业绩在公司是遥遥领先的。

有一天，章扬的朋友为他介绍了的一位高尔夫球场的老板，说这老板正有意购买一辆汽车。于是，他便兴致勃勃地去拜访这位老板。

见到高尔夫球场的老板后，章扬详尽地介绍了他的汽车，并极力称赞这种汽车有多么的好，还分析了拥有这辆汽车的种种好处，但这位老板就是摇头不买。

说服似乎陷入了困境，这时，章扬话锋一转，突然问道："这么说来，

您只对自己找到的汽车的品质有兴趣，是不是？"

"是，我自己找的我当然喜欢。"老板回答说。

"如果您需要这辆汽车，您喜欢所有的担保都在一起，不是吗？"

"那当然，"老板点头，"没有担保的汽车我买来干什么？"

章扬知道这位老板不会回答："哦，不用，我不需要什么担保。"

于是，他又问了下一个问题："信誉对任何一个行业都很重要，不是吗？"

"那当然。"

"和一个在乎自己商誉以及信用、极诚实的销售人员做生意是重要的，不是吗？"

"对，我想是。"章扬也知道对方不会说："我不在乎"。

最后，这位保龄球馆老板答应买下章扬的汽车。

要想任何场合说服任何人，一定要想法设法让他人自己说服自己，只需要引导他走向你预先设计好的思路，他会自然而然地沿着这个思路一直想下去并且最终会改变自己的想法。

先戴个高帽子，让对方无法拒绝

有一位杂志社编辑，他对说服那些作家们很有一套。不论那些人如何繁忙，他也有办法使他们答应为他写稿。本来他的口才并不属一流，但奇怪的是，那些作家在他面前都无法拒绝他的要求。

"当然，我知道你很忙。就是因为你很忙，我才无论如何也要请你帮忙，那些过于空闲的作家写出来的作品也不见得会比你好。"

据他说，这种说法从未曾失误。一般来说，当对方已有很充分的拒绝理由时，想让他接受你的请求是十分困难的。如果你事先也知道他们会用这些理由来拒绝你，你反而裹足不前的话，则更增强了他对抗的意念。于是，当时的气氛就更加紧张，也别说什么说服了。但若能运用前述那位编辑先生说的那些话，先给对方来个高帽子，会使他无法拒绝，也就巧妙地使对方的"不"成为"是"了。

这种心理技巧最适合于用在化妆品的促销上。当推销员在拜访一位顾客之前，他们心里早有被对方拒绝的准备。有些顾客可能说"你的东西我已经有了，现在暂时不需要"，来个婉言拒绝，此时你若处理不好的话可能会惹怒对方，如果你说："你说得对，况且你的皮肤一看就知道无须化妆也好看！"

听到这句话，相信没有一个女人是无动于衷的，接着你又说："但是为了防止日晒……"不待你说完，对方的钱包已打开了一半。

如果对方用繁忙来婉言拒绝，你也以繁忙为由来拜托他。

切中问题的要害，说服他人同意

直截了当地点出对方的问题和不利后果，促其改变现有状况，这是一种有效的谈判方法。这里的关键在于：要善于抓住要害，点到对方的痛处，拨动其最关心、最敏感的那根心弦，使其动容、动心，改变主意，幡然醒悟。

抓住问题的关键不但是一个可以广泛运用的法则，而且是一个永恒的法则。

抓住问题的关键为什么具有如此的魅力呢？因为抓住问题的关键就是抓住了对方的死穴，对方不得不束手就擒。

谈判高手不是与对方不停地周旋，而是抓住问题的关键，一语中的。这一点如果发挥得淋漓尽致，则可以成大事。

战国时，齐国人张丑被送到燕国当作人质。不久，齐、燕两国关系紧张，燕国人要把张丑杀掉。张丑得到消息，马上借机逃走。还没有逃出边境，就被燕国一官吏抓住。

张丑见硬拼不成，便对官吏说："你知道燕王为什么要杀我吗？因为有人向燕王告了密，说我有许多财宝，但我并没有什么金银财宝，燕王偏偏不信我。"

张丑说到这里，接着又说："我被你捉到了，你会获得什么好处呢？"

"燕王悬赏一百两银子。"

"你肯定拿不到银子！如果你把我交给燕王，我肯定会对燕王说，是你独吞了我所有的财宝。燕王听到后一定会暴跳如雷，到时候你就等着陪我死吧！"张丑边说边笑。官吏听到这里，越发心慌，越想越害怕，最后只好把张丑放了。

在这场谈判中，张丑成功的原因在于抓住了官吏的心理弱点，虚拟了一个燕王要杀自己的原因，从而引发官吏的畏惧，使其打消告发的念头，保住了自己的性命。

试想，如果当时张丑不采取这种策略，换成一味地求情，面对这样一个贪婪的官吏是不会为了可怜别人而放弃得到悬赏的好处的。张丑深深理解相比金钱来说，生命还是更加重要的，张丑才设计制服了官吏。这也就说明，只要抓住问题的关键，切中它的要害，轻轻点化对方，对方就会立刻听从你的意见。

有一对双胞胎兄弟，因为哥哥总是抢弟弟的玩具，所以经常吵架甚至大打出手。他们的父亲很不耐烦每天给他们解决纠纷，有一天就宣布："如果以后你们再吵架、打架，不管谁向我告状，也不管是谁的错，我把你们两个都关起来，一个星期不让你们出去玩。"

两兄弟听了固然很害怕，但是过不了几天，两人又为了要玩一个小的电动汽车玩具吵起来了。弟弟说是妈妈买给他一个人玩儿的，哥哥说是买给两个人的，于是哥哥就抢先一步，拿了玩具。

弟弟因为争不过哥哥，就说："我要告诉爸爸去，你总是欺负我，抢我的玩具。"

哥哥马上就说："你去告，我们两个都会被关起来，不能出去玩儿了。这个小车我只玩儿一会儿就会给你的，你干吗非要现在玩儿呢？你不去告，你只是暂时不能玩儿小汽车；你去爸爸那里告了，我们都会被关起来，损失大得多。你自己选择吧！"

弟弟想了想，倒也是，比起不能玩儿小汽车来，被爸爸关起来不能出去玩儿要可怕多了。于是弟弟只好忍气吞声，哥哥玩儿了一会儿小汽车也觉得没有意思了，就给弟弟玩儿了。

这是一个很小的例子，生活中随处可见。无疑哥哥是聪明的，说中了要害，阻止了弟弟的告发。弟弟选择沉默，对双方也都有好处，这样避免了两人都被父亲惩罚。小孩子最喜欢的就是能够随心所欲地玩儿，没有什么事情能够比玩儿更加重要，于是哥哥在谈判中动用了杀手锏，弟弟不得不屈服。其他的谈判也一样，要达到自己的目的就要抓住问题的关键，了解对方的真实目的后，以更重要的利益唤起对方的注意，你就能够扼住对方的喉咙，逼对方就范。

谈判高手陈述的内容要言简意赅，切入重点。这样易于被对方接受，也便于对方把握谈话要领，尽快切入主题，避免在枝节上纠缠不清，做到速战速决。

第三章

何必逞口舌之强，
说服而不是制服

　　我们在说服他人时，应该营造和谐而友好的气氛。如果你用和颜悦色的口吻对别人讲话，那么说服就很容易成功。反之，如果你用强硬命令的口吻或者盛气凌人高高在上的姿态讲话，那么就很难说服对方。因此，说服时一定要注意，不要逞口舌之强，说服而不是制服。

要解除其心理武装

说服领导采用我们的提案，或说服他人购买我们的产品时，也是一门学问，不懂得其中道理之人，就很易采取以理论直诉的方式。但要知道人是感情的动物，即使理论再正确，道理再正确，仍然无法折服对方的情感，也是常见的事。

特别是领导对你并不具什么好感的时候，无论你的策划再怎么伟大，他虽然表面赞成，但还是以"再研究看看"为终。这种时候，应该用什么样的方式才能让对方接受呢？

在推销产品的时候，也是同样的情形，理论是属于事务性的东西。以事务性的诉求向对方推销，对方是否真的会购买呢？相反地，即使对方本来不想买的，也会说："真是太有趣了！我虽不需要这样的东西，但是你很会说话，我就多少买一些吧！"

与其开门见山地讨论主题，倒不如先天南地北地闲扯，解除对方心理武装，然后偷偷地带上主题，使对方不知不觉入迷，而达到我们的目的。尤其对手是女人时更要如此，女性常是以感情来判断事情。

如果主要客户是女性的话，一开始就要先撇开话题：

"下一次一定要让我招待才行哦！"

如果对方顺应我们口气时，等于机会已经来临了，但也没有必要就此慌慌张张地谈及生意，无妨再随口闲扯一些别的。

"那我送你到那边去好了。"

"怎么？你不是找我谈生意的吗？"

如此一来，她反而替我们担心了。采取另外一种改装的方式打出主牌，她对你的观点也转变成有好感，真可说是一石二鸟。商谈的内容越重要，越要以轻松的态度来应付，这样才是说服对方感情的手段。

最后不可遗忘的是，一定要在摸熟了对方的心理状况以后，才进行商谈的主题。

公司里的同仁或后辈有事找你洽谈协助，而你却要对方注意生活态度，或自我反省时，本来是出自一番好意，但没想到却反而会受到对方的反唇相讥。世界上自认为只有自己的见解才是最正确，而不愿接受他人的意见，自以为是的人比比皆是。

这样硬指责对方"你的想法完全错误"的，大都以年龄较长或各业界的老前辈较多。而受指责的人，也常常因此愤恨不平："前辈的思想太陈腐了，他根本都不了解嘛！"这种情况时，绝不可以硬表示反对。因为事情终会有逐渐明朗化的一天，这种时候利用对方的心理，反过来大力支持对方、尊重对方，才是聪明的做法。假若真的是错误的想法，对方或许因之而失败，而如果他的意见正确，又会使对方对我们有好感。能应用这种方法来与对方商谈时，便可获致极大的效果。

例如，对方找你商谈说"我想离开公司"，如果你这时训诫对方："你辞职以后还能干什么事呢？"就算你本来是一番好意的规劝，但如果他离开公司后自己经营得更成功时，必然会贬低你在他心目中的地位。

相反地，极力表示支持，尊重对方的意见："如果你真的下定决心这么做，我相信你离开公司也一定会大有作为的。"

像这样地鼓励对方，即使对方结果并没有辞职，对方也不敢在你面前妄自尊大，同时你也因此掌握对方的弱点。假若他离开公司后，真的功成名就，你就变成他的功臣与最大的支持者，感谢之情自不在话下，万一失败的话，对方也因之获得教训，惩前毖后。如我们的见解正确，对方也必会对我们大有好感。

此外，也有人与我们相识不可谓之不深，但却从不找我们协助。虽然对我们或许并不具什么恶感，但长此下去，逐渐地情感终有恶化的一天。碰到这种情况，最好能在暗中夸奖、称赞他，相信他一定会因而反过来找我们。

轻描淡写地给对方良心以谴责

有一首歌，歌词中有一段是这样写的："明知是错，却也改不过来。"

这首歌的内容是叙述一个工薪阶层的人酷嗜杯中物，已到了毫无节制的地步，经常喝得烂醉如泥，有时候甚至还在车站过夜。他知道这样做对身体有害，就如歌词中说："明知是错，却也改不过来。"

虽然有的人还没达到像他一样在车站过夜的程度，但像这样的人在社会上也还存在，他们心里感到非常痛苦，无时无刻不在受良心的谴责。此时你若根本不体会他的内心，反而一本正经地作攻击性的劝解，这样，会使他产生什么样的心态呢？即使第三者是出于好意，却不为对方接受，对方非但不改过，反而变本加厉。所以，这种劝解方式，一开始就注定会失败。

譬如，某公司一位职员经常迟到，上司若是当面对他说："你到底打算怎样，公司并不是你一人的，可以想怎么做就怎么做，你这么做已将公司的秩序搞乱了，你好好反省反省。"

与其这么说，倒不如抓住对方的"良心"说："我想你内心必定也认为迟到是不对的，若是你能坚持这个正确的看法，便可望在不久的将来，体会到全体职员都准时上班的乐趣。"这样说更能为他所接受。

谁都希望自己能为上司所赏识。如果你的言语刺伤了他人，即使说得再多，他也无动于衷；相反，若能先肯定对方，之后再伺机说出自己的意见，比任何一种威胁的话都来得有效。

若是想让对方接受你的劝解，不妨用"我想你内心也必定这样想"这句话来引导他。

喜欢抬杠，易失人心

李先生是一个很聪明的人。他自小就非常勤学，喜欢看书、看报，他对各种知识无不产生浓厚的兴趣，名人演讲、音乐会、展览会，他都是必到，必听，必看。因此，他的头脑真可以算是一部小型的百科全书，天文、地理、历史、科学、政治、经济、文艺、美术，样样都知道。像这样一个博学聪明的人，本来是人人都敬爱的。

不幸，他却有一个非常不好的毛病，就是偏偏喜欢和人争论。他不利用他丰富的知识去帮助别人，解决别人的难题，而是以为难别人而开心，拿别人的窘态来开自己的心。无论别人说什么，他必定加以反驳，一直驳到别人哑口无言为止。如果别人说某件事是好的，他就一定说是坏的，但如果别人说它是坏的，他就立马反过来改口说它是好的。总之，他是为驳而驳，以驳倒人家来娱乐自己，来炫耀自己的知识与才能。结果，有他在场，别人都不开口，让他一个人去自说自话。外表上，他是胜利了，"所向无敌"，实际上他是孤独了，"为众所弃"。

在社交场合，无论你的知识多么丰富，也不要借此来压倒别人、使人难堪。在别人愿意听你的意见的时候，你可以把你所知道的讲出来，给别人作参考。同时，还要声明你所知的是极有限的，如果有错误，希望大家不要客气地加以指正。

在听到自己不以为然的意见的时候。应不应该反驳呢？这要分几种情形来决定：

1. 如果在座的人，大家都很熟悉，而且经常喜欢在一起讨论问题。那么，就应该根据自己所知，把自己认为正确的道理和真实的事物，照实地讲出来，给大家作一个参考。否则就失掉互相讨论的意义，而且也就犯了对朋友不忠实的毛病，被人家称作"滑头"。不过在态度上应该谦虚，不要因为自己的知识丰富，就显出自命不凡，自高自大的神气来。

2. 如果在座的人都是初交，你对他们的脾气、身世、人格、作风都不大清楚的时候，那么对于那些你不同意的意见就最好不加反驳，也不必随声附和冒充知音。如果别人问到你时，你可以推说："这一点，我还没有好好想过。"或者说："某者的话，也有他的道理，不过各人看法不同，见仁见智，不能一概而论。"在比较陌生的场合，这不能够称作"滑头"，但如果自己明明不同意的意见，也大点其头，大加赞许，那才是真的"滑头"，虽然能够骗取那个发表意见的人一时的高兴，但却被那些冷眼旁观的人所不齿，失掉他们对你的信任。

3. 如果有人在大庭广众之间发表荒谬至极的意见，或散布对大众有害的谣言，那么就应该提出反驳。但是在这种场合，就多少需要一点说话的技巧，一方面一针见血地揭露出对方的错误，一方面又能够轻松幽默地争取大家的同情。切忌感情用事、口齿不清，不但把空气弄得太过紧张，而且也不能使别人明了你的意见。在这种时候，就需要考虑得十分周到了。

4. 倘若自己熟悉的朋友在社交场合说了一些不得体的话，或是发表了很不正确的意见，那就要设法替他"解围"，想出一些表面上和他不冲突、实际上替他补充的话，叫别人觉得他的意见并非完全错，只是有点偏差，或是他的本意原非如此，只是措辞上有一点不妥。但事后，却应当单独地向他解释并指出他的错误。

总之，大家见了面总不免要说话，也就不免会听到自己不同意、不满意的话，对这些话要采取什么态度，是应该根据当时情形好好地加以考虑的。

讨论不等于争吵

散文中说："善良的天性比机智更令人愉快。"

只要出自善意，讨论也就和谈话一样。相反，那种怒气冲冲的争吵，一方激烈地攻击另一方，同时拼命地维护自己，这正是良好谈吐的大忌。

信念与偏见的区别就在于：信念不需要通过争吵就能阐述清楚。

中国有句谚语："有理不在声高。"

不能说凡是发怒的人观点都是错误的，而是说他根本不懂如何表述自己的看法。讨论的原则是：运用无可辩驳的事实及从容镇定的语调，努力不让对方厌烦，不迫使对方沉默而达到说服对方的目的。

　　保持冷静、理智和幽默感。只要你能够听他说，他也愿意听你讲。如果我们能让自己专注于问题的讨论，而不是引向感情用事或固执己见，那么讨论就不至于降格为争吵。

　　如果我们的声音渐渐提高，说出"我认为这种想法愚蠢透顶！"这样的话就是一种伤害他人的反驳了。这时，旁观者焦虑不安，朋友们躲到后面去，也就不足为奇了。为了赢得一场争吵而失去一位朋友，实在是得不偿失的事情。

　　争吵会使人分离，而讨论能使人们结合在一起。争吵是野蛮的，而讨论却是文明的。有些时候，争论乃至争吵是不可避免的，即使在朋友或夫妻间也难免发生口角，但裂痕却可能隐藏起来。家庭中的情感宣泄有时可能有助于打破沉闷的空气，就像一场雷雨能把暑气一扫而光一样。然而即使如此，争吵以及弥合也最好在私下进行。

　　有一位朋友参加了一个午餐俱乐部，他们交谈的话题涉及面很广，产生意见分歧是家常便饭。

　　通常的情况是，某位成员对问题作出了正确的回答，于是，话题就转移到其他方面去了。偶尔，问题暂时无法在餐桌上得到解决，就在下次聚餐时解决。这时，众多成员就会就这个话题下一次赌注，大家把争论的内容和赌注的数目记录在册。然后正式进行查证，输的人付钱，查出的答案也将记录在册。下注之前的交换意见也相当激烈，但这绝不是争吵，而是讨论。因为大家纯粹地是为了愉快，因此双方都努力不以争吵而是以追求真理为出发点，大家都受实证的约束，输的人和赢的人一样愉快地接受裁决。

苛责于人，为众所弃

有位刘先生，是一个很好的人，不说谎、不虚伪，也从来不投机取巧，不做一点亏心的事，也不占别人便宜。

像这样一个好人，怎么会不受别人欢迎呢？

原来，他过分看重了自己是个十全十美的人，以为人人都应该以他为模范、为导师。他喜欢随时随地去教训别人、指导别人，看见别人有一点缺点，就要加以批评、指责。像大人管小孩、老师对学生一样，摆出一副神圣不可侵犯的神态。甚至常常有意地夸大别人的缺点，把别人的一时疏忽或无心的过失说成是存心不良或者行为不端。

同时他又不能容忍别人对他有什么不恭敬、不忠实之处。如果他吃了别人一点亏或受了别人小小的欺骗，那他就把对方当做罪大恶极加以攻击、耻笑、讽刺或谩骂不已。

只要想象一下，就可以知道这种人是多么的令人可怕，到处激起别人的憎恶与反感。

一个人对自己要求十分严格，不做一点错事，这自然是十分正确的事。

但不要因此就把自己看得太高，以自己的标准来要求别人，以为人人都是坏蛋，只有自己才是圣人。

对别人的过失与错误，首先要分析他们犯错的原因，可能是受到恶劣环境的影响，可能是因为他们自己认识不清，也可能只是一时的疏忽，有时还可能因为求好反而犯了错，主观上求好而客观上犯了错误。除了一些真正与人为敌的社会败类应该群起而攻之外，大多数人的大多数错误都是可以原谅，都是可以改正的。我们应该抱着与人为善的态度，对别人的错误在不伤别人自尊心的原则之下诚恳而婉转地加以解释与劝导，安慰他们的苦恼，鼓励他们改正。自己吃了亏、受了骗，只要以后小心提防不再上当就行了，不必就因此而跟对方结下深仇大恨，却要给对方留一个悔改的余地。倘若一个人得罪了你，你不但不跟他计较、不向他报复，反而要原谅他、宽恕他，遇必要时还去帮助他。在一般的情形之下，他多半会对你十二万分地感激、十二万分地惭愧，往往也会因此受到你的感化，痛改前非的。

以友善争取信任

林肯在 100 多年以前说："一滴蜜所捉的苍蝇，比一加仑毒汁所捉到的更多。"这是一句古老而真实的格言。对人也是如此，假如你想让别人赞同你的理由，首先要让他把你当成是他的好朋友。捉住他心中的一滴蜜，那么也就是达到他的理智的大路。

假如你在愤怒之下，对别人发作一阵，你的气随之消失，心中也高兴了。但是别人会怎样呢？当你高兴时他能分享到一点吗？你那挑战的口气、敌意的态度，会使他容易赞同你的意见吗？

1915 年，小洛克菲勒（石油大王的儿子）被科罗拉多州的人轻视着。美国工业史上流血大罢工，一直震荡该州有两年之久，愤怒凶狠的矿工要求科州煤铁公司提高工资，那家公司正是小洛克菲勒管理，公司的财产被破坏了，还请出军队来镇压，发生数起流血事件，罢工工人被击毙者甚众。

这种情势下，在充满了仇恨的空气里，小洛克菲勒打算让罢工的工人听从他的意见，而且他成功了。他是怎样做的呢？他先与他们交了几个星期的朋友，然后小洛克菲勒再对罢工运动的代表发表一篇演说。这一篇演说词真是一件杰作，并且产生了惊人的效果，把工人们对小洛克菲勒的愤恨怒潮完全平息，同时使许多人都佩服小洛克菲勒。那篇演说以友好的态度取得了很好的效果，使工人们都走回工厂去做工，绝不再提以他们的流血来争取增加工资的问题。

下面是那篇著名演说词的开头，请注意它的语句之间所流露出来的友爱。

"今天是在我一生中最值得纪念的日子，"小洛克菲勒开口说，"我这是第一次如此荣幸，得以与这个大工厂的职员代表、厂方的职员和监察们相见。老实说，我认为自己能来到这里非常光荣，并且我这一生永远记住了我们聚会的这一天。假使这次聚会在两星期之前举行，我站在这里简直是一个生人，我也只能认识你们少数的面孔。幸而我有机会到南煤区各帐篷都看了一遍，并且同诸位代表，除了走的不算，都个别作了一次私人的谈话。拜访过你们的家庭，会见了你们的妻儿老小，我们今日在此相见已非陌生人，而都是朋友。本着这种友好互助的精神，我十分高兴有这个机会来和你们一齐讨论我们的利益。"

"不过这次聚会主角是厂方职员和工人们的代表，我能来到这里完全是蒙你们的厚爱，因为我既非职员又不是代表，然而我却觉得我与你们的关系很密切，因为我来是代表工厂的股东和董事的。"

这段演说词，不是一个化敌为友的极优美的例子吗？

假设小洛克菲勒用另一种方式，假设他同矿工们争辩，用可怕的事实恫吓他们，假设他暗示他们的错误或引用逻辑学定理证明他们确实是错误了，结局将怎样呢？恐怕只会更激起愤怒仇恨和暴动而已。

假如一个人的心理和你有冲突，对你无好感，你就是搬出所有的逻辑学来，也不能使他赞同你的意见。好责骂的父母和惯于作威作福的上司，都应当知道别人没有愿意改变心意的。人们不会被迫赞同你的意见。但假如我们很和蔼很谦逊地诱导他们，倒可使他们赞同。

美国总统威尔逊说过："假如你握紧两只拳头来找我，我想我可以告诉你，我会把拳头握得更紧，但假如你找我来，说道：'让我们坐下商议一番，假如我们之间有意见不同之处，想看看原因何在，主要的症结是什么？'我们会觉得彼此的意见相去并不十分远。我们的意见不同之点少，相同之点多，并且只需彼此有耐性、诚意和愿望去接近，我们是不难完全相投合的。"

商人们懂得以友好的态度对待罢工者是最上算的。例如，当福特汽车公司 2500 名工人因要求增加工资而罢工时，经理勃莱克并不曾震怒、痛斥、威吓，事实上他反而夸奖工人。他在克里夫兰各报纸上登一段广告，庆贺他们"放下工具的和平方法"，看见罢工纠察队没有事做，他买了很多棒球及球棒，让工人们玩。

勃莱克经理这种柔和的态度所获得的成功是，那些罢工的工人借来了很多扫帚、锹、垃圾车，开始打扫工厂周围的乱纸、火柴棍、纸烟及雪茄尾巴。为争工资罢工的工人们却开始大扫除，这种情形在美国劳工斗争史上实未有之前闻。那次罢工在一周内圆满解决，双方毫未发生恶感或怨恨。

韦伯斯特大律师的样子像一位尊神，说起话一半像耶和华。他是一位最成功的律师，可是从来也不争辩，在提出有力的意见时只是用极其和平的言语："这将要请见证人所考虑""这或许很值得细想一想，诸君""我相信这几件事实你们是不会遗忘的"，或者说"诸位都是有天性常识，你们很容易看出这几件事实的重要性"。绝不用恐吓，不用高压的手段，决不想强迫别人相信他的意见。韦伯斯特用的是柔和的说法，安静友爱地接近，享有盛名。

你也许永远不会被请去调解罢工或对着法庭见证人们演说，但是你也许需要把你的房租减低点。这种友爱的与人接近法可以帮你的忙吗？让我们看看吧。

让对方消除戒备心理

某家用电器公司的推销员挨家挨户推销洗衣机，当他到一户人家里，看见这户人家的太太正在用洗衣机洗衣服，就忙说："哎呀！这台洗衣机太旧了，用旧洗衣机是很费时间的，该换新的啦……"

结果，不等这位推销员说完，这位太太马上产生反感，驳斥道："你在说什么啊！这台洗衣机很耐用的，到现在都没有故障，新的也不见得好到哪儿去，我才不换新的呢！"

过了几天，又有一名推销员来拜访。他说："这是令人怀念的旧洗衣机，因为很耐用，所以对太太有很大的帮助。"

这位推销员先站在这位太太的立场上说出她心里想说的话，使得这位太太非常高兴，于是她说："是啊！这倒是真的！我家这部洗衣机确实已经用了很久，是太旧了点，我倒想换台新的洗衣机！"

于是推销员马上拿出洗衣机的宣传小册子，给她做参考。

这种推销说服技巧，确实大有帮助，因为这位太太已经产生购买新洗衣机的决心。至于推销员是否能说服成功，无疑是肯定的，只不过是时间长短的问题了。

善于观察与利用对方微妙心理，是提出意见并说服别人的要素。

例如，当你感觉到对方仍对他原来的想法保持不舍的态度，其原因是尚有可取之处，所以他反对你的新提议，此时最好的办法，就是先接受他的想法，甚至先站在对方的立场发言。

"我也觉得过去的做法还是有可取之处，确实令人难以舍弃。"先接受对方的立场，说出对方想讲的话，为什么要这样做呢？因为当一个人的想法遭到别人一无是处的否决时，极可能为了维持尊严或咽不下这口气，反而变得更倔犟地坚持己见，排斥反对者的新建议。

若是说服别人沦落到这地步，成功的希望就不大了。

一般来说，被说服者之所以感到忧虑，主要是怕"同意"之后，会不会发生意想不到的后果；如果你能洞悉他们的心理症结，并加以防备，他们还有不答应的理由吗？

至于令对方感到不安或忧虑的一些问题，要事先想好解决之道，以及说明的方法，一旦对方提出问题时，可以马上说明。如果你的准备不够充分，讲话时模棱两可，反而会令人感到不安。所以，你应事先预想一个引起对方可能考虑的问题。此外，还应准备充分的资料，给客户提供方便，这是相当重要的。

用自己的类似经历启发对方

小丁懒洋洋地坐在办公桌前，望着堆在面前的一沓沓报表，一点也提不起工作的兴致来。最近，公司里连续调整了几次人事，与他一起进公司的几个同事都纷纷得到了提升，而小丁却始终窝在原岗位上动不了。想想真是泄气，论业绩论水平，自己哪点比他们差？唯一不到家的功夫就是不如他们往领导那里跑得勤。唉，现在这个社会，溜须拍马也是一种本事啊！

快下班的时候，小丁被吴副总经理叫进了办公室。年轻的吴总坐在宽大的办公桌后面，一双锐利的眼睛紧盯着他，说："你最近好像情绪不太稳定？"语气中虽然充满着温和与关切，但小丁却分明感到了一种难以抗拒的威严。小丁忐忑不安地坐在吴总前，而吴总不仅没有批评他，反而轻轻地叹了一口气，说："小丁啊，你是聪明人。今天找你来，我只想跟你讲一段我过去的经历，相信你听了之后能及时调整自己的心态。"

"六年前，我从浙江大学读完硕士后，通过应聘进了这家公司。当时我在公司里年纪最轻，而学历却是最高的，因此常总经理非常赏识我。为了报答总经理的知遇之恩，我工作得格外卖力，很快就成为了公司的业务骨干，每次有重要的谈判，常总经理都要把我带上。于是在大家心目中，我是常总跟前的红人，而我自己也觉得信心百倍，前途光明。我相信，只要自己加倍努力，几年内升任为公司的中层管理人员应该是不成问题的。

"两年后，公司的人事部经理到了退休的年龄。大家纷纷猜测新的人事经理人选，都认为最热门的是我。就在我自以为看到了曙光的时候，董事会的决定很快下来了，办公室的另一位姓成的秘书被任命为新的人事经理。得到消息的一刹那，我真有些想不通：为什么平时常总口口声声表扬我，还常常鼓励我好好干，有机会一定提拔我，而现在明明有现成的机会了，却偏偏给了别人？

"第二天，常总我找我谈话了。他首先充分肯定了我的工作和能力，然后又说，小成的工作也是很不错的，相比较来说，你的文字功底和社交能力更强一些，如果调你去人事部，一下子找不到合适的顶替人选，我就像缺了一只手。而调小成去，影响就会比较小些。况且大家都知道我对你很赏识，容易给人产生偏袒亲信的感觉。所以你要正确对待这次人事变动。虽然我的心里还是有些不快，但常总的话都已经说到这份上了，我也不能再说什么了。

"可是过不了多久，办公室主任又另谋高就离开了公司。这下不光别人一致认为主任的位置非我莫属，连我自己都几乎做好了走马上任的心理准备，可是公司却在这时候进了一名新职员，随即又闪电般地将她任命为办公室主任。眼睁睁地看着又一次失去机会，我的心情低落到了极点。我想，看来常总其实根本没把我放在心上，我再卖力工作也是无济于事的。从那时起，我工作中产生了消极情绪，我要让大家特别是常总看到，没有我的努力，公司的工作是会受到影响的。

"结果可想而知，情况越变越糟。不久，我就得知公司打算调我到闸口经营部去任经理的消息。你也知道，闸口经营部其实只是一个小杂货店，而且连年亏损，调我去那里显然是在惩罚我。看来这次是真的惹恼常总了，我开始焦急起来，想想自己这阵子的表现，也确实有些过分，我有些后悔，可又不知道该怎么办。那种矛盾不堪的心态折磨得我一连失眠了好几天。最后我想要么辞职不干算了，虽然很舍不得这份工作。

"就在我彷徨无助的时候，一天晚上，我的父亲突然问我，你们总经理不是一直都很器重你的吗？干吗不找他谈谈，把你自己的想法都跟他说说？我说我已经惹恼了他，哪还有脸面找他谈？我父亲却说，真正赏识你的领导就和父母一样，只要你真心认错，哪会不给你改过的机会？如果他真的不原谅你，那说明他其实并不在乎你，再辞职也不迟。最后我听了父亲的劝告，主动找到了常总。果然就跟父亲预料的一样，常总不仅原谅了我的任性，还真诚地对我说，小吴啊，你跟了我这么久，居然不知道我的想法？有些事情我是很难都跟你说明白的。当时提拔小成，我已经跟你谈过一次了。后来提拔小罗，现在我不妨告诉你，是因为考虑到公司的前途命运，她是某某某的女儿。年轻人嘛，碰到这种事有想法也是正常的，关键是要学会调整心态，正确对待。其实最近我们已经考虑要提拔你为业务一部的经理了，可是偏偏你没能挺住考验，给不少董事留下了不够成熟的印象，所以才考虑让你到闸口经营部去锻炼锻炼。既然你今天把心里话都跟我袒露了，那我看你还是留在我身边吧。"

说到这里，吴总打住了话题，这以后的事情，小丁也知道了。吴总今天找自己谈话的良苦用心，更是令小丁感动不已，因为在这之前，小丁也几乎要冲动地递出辞呈了。小丁站起身来，真诚地向吴总鞠了一躬，说："谢谢您吴总，请您放心，我知道今后该怎么做了。"

吴总望着小丁帅气的脸微微露出了笑容。

故事虽然有点长，但这也恰恰说明了故事的真实性。吴总用自己的经历启迪并说服了小丁。现身说法是最具说服力的，我们在去购买化妆品的时候，都有过这样的经历，就是当推销员长得越漂亮，皮肤越好，你越愿意购买她的化妆品。因为这个推销员说，我是用了这款化妆品，皮肤才这么好的。所以，当我们在说服他人的时候，一定要发挥自身的优势，现身说法。

第四章

攻心说服力，
话不在多攻心就行

口服不如心服，巧辩不如攻心。这是说服的最高形式。任你说得天花乱坠，对方就是不买你的账。话不在多，攻心才好。一个说服高手，其一言一语必能恰如其分；一字一句必能入耳入心，扣人心扉，打动人心。因此，要成为这样一个说服高手，就要练就攻心说服力。

为对方着想，替自己打算

我们在考虑事情时，有的人认为自己的利益是最重要的，总是满足自己的利益之后再去考虑别人的利益，认为只有这样才是赚，岂不知别人早就看穿了你的为人，而不愿意与你合作了。所以不论从事任何职业，不论面对任何人，我们都不要急着考虑自己的得失，而要先考虑一下对方的利益，有的时候帮助了别人就是帮助了自己，机会往往就藏在我们看不到却又触手可及的地方。

万先生到一家具商场去推销一项产品，一开口就吃了"闭门羹"。商场经理拒绝推销，使万先生十分尴尬，但万先生只是苦笑了一下，说："没关系，那我就当您的一个顾客吧。"经理也就不能不表示欢迎。

看过商品之后，万先生指着一种优质进口床褥问商场经理销路如何，经理不由叹气道："一般，顾客对一种新品牌总有个认识过程。"

万先生给他出了个"点子"：在楼梯口放张床褥，再在旁边迎门立一块告示牌，上书："踩断一根簧，送您一张床。"经理将信将疑地照办了。结果，顾客进店先蹦床成为该商场的一道风景，人们闻风而来，争相蹦踏，笑声不断，接下来的经济效益可想而知了。

后来，商场经理专门宴请万先生并主动表示愿意加入那项营销计划。

要想任何场合都能说服任何人，其中一条重要原则就是先替对方着想，再为自己打算。一个人如果事事都把自己的利益放在第一位，我们常常会说这个人自私，鄙视其为人，自然就会很少与之来往。相反，如果一个人事事都为他人着想，那么我们就会敬佩他的为人，乐意与他来往。思己及人，为了创造一个和谐良好的人际交往环境，我们应该尽可能地为对方着想。

美国独立战争时期，高级将领依特·乔奇曾经说过："如果希望身居高位，那么就应该明白钓鱼的原理。从鱼儿的愿望出发，放对了鱼饵，鱼儿才能上钩，这是再简单不过的道理。不同的鱼要使用不同的鱼饵，如果你一厢情愿，长期使用一种鱼饵去钓不同的鱼，你一定会劳而无功的。"

这的确是经验之谈，是智慧的总结。有些人只想着自己，不顾对方的感受，心目中只有"我"。当然，全然不顾自己的感受那是不可能的，也是不切实际的。满足自己的需要，达成自己的目的是人之常情，可是如果你事事都抱着"人不为己，天诛地灭"的信念，变成一个十足的利己主义者，那么你就会对他人漠不关心，也就不要奢望别人对你关怀备至了。

卡耐基说："世界上唯一能够影响对方的方法，就是时刻关心对方的需要，并且还要想方设法满足对方的这种需要。"

其实满足对方的需要并不需要你付出很多，有时候只要改变自己的说话方式就可以了。比如说你不希望别人做某件事的时候，不一定非要义正词严地正面拒绝，可以从另外的方面进行禁止。如果你不想让你的孩子吸烟，你不需要对他进行苦口婆心的教育，你只要说"如果你吸烟，你就不能进篮球队"之类的话。而这些正是你的孩子希望获得成功的，因此他会很自觉地放弃吸烟的念头。

在《影响人类行为》一书中，哈雷教授说："任何行动都是由基本欲望所产生的……对于想要说服他人的人，最好的建议是无论在商业中、家庭中、学校中、政治中都要先激起对方某种迫切的需要，如果能做到这一点，就可以左右逢源，否则就有可能到处碰壁。"

钢铁大王安德鲁·卡内基，在他小的时候家里非常贫穷，当他参加工作时，他的工资是每小时 2 美分。后来他发迹了，捐给别人的钱多达 3.65 亿美元。在他很穷苦的时候他就明白，影响人的唯一的方法就是满足对方的需要。虽然他只受过 4 年的学校教育，但是他很早就掌握了如何与人交往的技巧。

安德鲁·卡内基曾经做过一件令人深省的事情：他的两个侄子都在耶鲁大学念书，可能是由于学业太忙就疏忽了写家信，完全没有想到家里牵挂他们的母亲。

卡内基听说这件事情以后，就给两个侄子写了一封闲谈的信。在信的末尾，他附上一句，说是给他们每个人寄上 5 美元。可是他并没把钱装进信封。

两个侄子很快往家里回信了，他们很感谢叔父的关心，而他们也轻描淡写地提到没有看见钱。

　　从这个小故事中我们可以发现卡内基与人打交道的智慧所在。正如他自己所说："如果你希望对方去做一件事情，在开口之前，先问问自己如何使对方渴望做这件事情。"

　　如果这个问题困扰了你，你就应该想清楚再找对方谈。如果匆匆忙忙找对方谈不会得到令你满意的结果。

　　怎样处理人与人之间的关系是很复杂的，需要技巧。在这里，我们引用一段很著名的话给你一些很好的建议。

　　亨利·福特说："如果你想拥有一个永远成功的秘诀，那么这个秘诀就肯定是如何站在对方的立场上考虑问题——这个立场是对方感觉到的，但不一定是真实的。"

　　能够掌握这个秘诀并且应用到实际生活当中是一种能力，而这种能力就是你获得成功的技巧。

　　现在你可以试着从别人的观点出发，看看在你的意识中有没有这种想法。如果没有，你就应该检讨自己，在哪些方面做得还不够。如果你的观点和他的基本相同，那么你可以开始考虑怎样提高自己的这种能力了。

　　最后，有必要再把福特的话重复一遍，以加深你的印象。这就是："如果有一个永远成功的秘诀，那么这个秘诀就肯定是如何站在对方的立场上考虑问题。"

多从对方的立场考虑问题

善于牺牲自我利益是人们自我修养的一种高超境界，一般很难达到。但管理者要想提高自己的管理沟通能力，在这方面加强自己的锻炼是必要的。

1. 善于牺牲自我利益表现在不斤斤计较个人利益，在必要的时候要敢于放弃自己的利益。如果把个人在精神方面的满足也视为利益的话，它还包括严于律己，宽以待人，为了别人的需要，有时甚至主动地牺牲个人利益。善于牺牲自我利益的人总是受别人的欢迎和爱护。

比如，两人之间闹了矛盾、生了别扭，如果有一方能够忍让并主动和解，这种宽容忍让的品质也是善于牺牲自我利益的表现，久而久之，这种优良的品性必会受到众人的喜欢。

2. 给人以宣泄怨愤的机会，包括对自己的怨恨，这是一种博大的气度与胸怀，也是牺牲自我利益的表现。管理者在管理过程中应该尽量让自己的属下充分地表达自己的情绪和意见。

松下公司曾经设立了一个橡皮制成的总经理人像，如果员工对上级有了意见，可以拿起大棒来打"总经理"，边打边发泄自己的牢骚和怨气。待员工怒气平息之后，员工便可以到隔壁房间去，那里有专门的管理人员来听取员工的意见和建议。

3. 以长远的整体利益为出发点。真正懂得并善于牺牲自我利益的人都很清楚：短暂的眼前的利益损失有可能换来更大的利益获得。管理者应该以长远的整体利益为出发点，抱着"牺牲一点自我利益没什么关系"的处事态度，这样必然会有助于建立更广泛更稳固的关系网。

4. 多从对方的立场角度看问题。多从对方的立场角度考虑问题是理解人尊重人的重要技巧，人们考虑问题和事情大多以自我为出发点，但由于人们的价值观、态度、愿望及所处的时间、空间和其他条件不尽相同，对同一件事情的看法可能会有很大的差异，因此，人们在相互交往过程中，难免会在思想上产生分歧，为了更好地理解人、帮助人和关心人，多从对方的立场角度看问题是必要的，凡事跟别人"调个位置"看看，必能增进了解和支持。在人际关系网的建立和维护中，即使双方发生了矛盾和分歧，也能通过这种换位思考的方式迅速化解和消除矛盾，进而重归于好。

站在对方的立场说服对方

莎士比亚在《亨利四世》中曾经写道："即使理由多得像草莓子一样，我也不愿在别人强迫下给他一个理由。"

强迫，绝对不是最好、最有效的沟通方式，而且极可能衍生负面的结果，最后与自己的期待背道而驰。

因为，就像你可以把马牵到河边，但是无法强迫它喝水一样，人其实很难透过强迫性的举动，说服别人赞成自己的观点，或是要求别人按照自己的主观意志，去做他们百般抗拒的事情。

在错综复杂的人际关系中，不是每个人都有左右逢源的能力。要让别人喜欢并相信你，除了首先肯定自我外，还应当探究人的潜在心理，然后发挥舌头的功力，争取对方认同。

须知，运用心理学的技巧，会使你深得人际交往的奥妙，而不会被一些表面现象所迷惑，并且能在自己和他人之间，架起一座心灵的桥梁。

美国第 16 任总统林肯，曾经以一句"为人民而创造的政治"之名言掌握了民众的心，而为民众所拥戴。

林肯总统在面对需要说明的场面时都会说："我在开始议论时，就会将彼此意见的共同点寻找出来。"

林肯在有名的奴隶解放演说中，最初 30 分钟，只叙述一些持反对态度者所赞同的意见，然后再将反对者按自己的目标逐渐地拉到自己这边来。

林肯的说服方法，如果从潜在心理学来看，有两个要点：

第一就是人往往在被别人压抑住其自身的意见时，自己才发现真实的一面，而反过来完全地信赖对方。

第二就是"自我发现"时，在主观上仍非常相信就是自己的意思，而事实上，这往往是被说明者诱导出来的结果。

林肯运用这个技巧的秘诀，就是在演讲的前30分钟，先巧妙地软化敌方，也就是在开始时先强调敌我之间的共同点，引导对方，使他们一步步接受自己的观点。

如果从一开始就强调自己的立场，彼此间的鸿沟就会越来越深，而演变成"如果你有那种想法，那我只好和你拼了"的局面。当对方有了这种对抗的心理状态时，你是绝对无法说服他的。

因此，如果在交涉的场合有五项待解决的事情，而你在刚开始时，就能把5项中最困难的问题提出来，也不失为是一种好的做法，因为最困难的问题都能解决，其他的当然不会有什么问题。

但是，对方必定也很在意大问题，所以也有可能从一开始交涉，就因决裂而使事态恶化。所以，在这种情况下，一个能干的交涉者，往往在开始时以比较简单的问题作为议题。

而且在讨论这个议题时，他会说："事实上也没有任何别的问题，至少对于这个条件，我们的意见是一致的，下一个事项同这个事项也没有多大的差别……"

如果 5 个问题中能用这种方法使对方赞成三个的话，那么这个会议就差不多可以结束了，即使到了后面要讨论最大、最困难的问题，只要采取这种方式，十有八九是都会成功的。

在言语中分析对方需要

日本作家大久光曾经提出一个有趣的比喻："协调关系是糖，对立关系是盐。单单是糖太过甜腻，适度地加点盐，人际关系才会变得更协调。"

在现代社会中，人际关系就犹如空气一般，谁也脱离不开这张巨网，但是，光靠广泛的交际，无法建立良好的人际关系，你必须用心了解谁才是值得你用心交往的对象，然后加糖加盐，让彼此的关系更紧密。

和别人交往过程中，其实仅仅从谈吐、遣词用字方面，就可以窥视对方的内心状况，明了自己应该如何应对。

因为，谈吐的方式会反映出一个人当时的心理状态，越是深入交谈，愈会暴露出他的原本面目。因此，谈吐方式、遣词用字，无疑是探知一个人真正性格和心理状态的重要依据。

当话题进行至核心部分时，说话的速度、口气，就是我们探知对方深层心理意识的关键。当然，说话的声调也是不可忽视的要点。

巧妙地分析对方谈话的口气、速度、声调，探究对方的内心正在想些什么，这是创造和谐的要点。

不同身份的人有不同的说话语言。

有的人说话粗俗下流，有人说话谦恭有礼、有条不紊，有的人说话内容丰富真实，当然也有人一派胡言，或内容空洞、不知所云。总之，人说话的时候，就反映出他究竟拥有什么内涵。

高贵优雅、气度非凡的人说话温和流畅，表示他们常用文雅的应酬用语。然而，这类人应分为两种，一种人是表里如一，一种是口是心非。

后者很多是外表高尚而内心丑恶的人，他们不愿被对方察觉自己极力掩饰着的目的，所以才使用文雅的口气说话。

相反的，谈吐粗俗的人显得比较单纯。

这种类型的人，无论对上司或部下，对同性或异性，都不改其谈吐方式，喜欢就喜欢到底，讨厌也讨厌到底。此外，在初次见面的情况下，这种人的好恶表现也相当明显，不是表现得很不耐烦，就是亲热若多年挚友。

除此之外，说话说到伤心处，往往就哭哭啼啼、一把鼻涕一把眼泪的人，说明他的依赖性非常强烈。这种人尽管平常表现得和蔼可亲，善于交际奉承，但实际上非常自私、任性，大多属于不受欢迎的角色。

好掉泪的人有一个屡试不爽的看家本领，就是以半哭半泣声调打动别人的恻隐之心，以达到自己的目的。这种模式是一辈子都改不了的。

不听对方说话，只顾自己滔滔不绝、口沫横飞的人，则属于强硬类型，这种人只要在说话的时候，别人肯"嗯、嗯"地静静听他说，就可以得到好感。这种人的最大弱点就是自尊太强，经常喜欢抢先别人一步。

有的不善言辞，说起话来支支吾吾，这一类型的人，有时是因为缺乏表现力，无法巧妙地表达自己想要说的话，有时则是个性阴柔、思考深沉、度量狭窄。更有的是欠缺智慧，或者精神上有某种缺陷。

设法让别人保住面子

爱面子是每个人的天性。有的时候别人也许错了，但是他们自己并不会这么认为。或者，他虽然意识到自己错了，也希望得到足够的尊重。所以轻易不要去指责别人，在对方错了的前提下也要设法保住他们的面子。尝试着去理解他们，只有真正智慧和宽容的人才能做到这一点。

有的人在明知是错的情况下还要犯错误，宣传教育对这样的人是没有任何作用的。防止别人犯错误的方法只有两个，一个是让人不敢犯错误，另一个是让人不想犯错误。前者是强制手段，见效很快但是难服人心；后者是沟通的艺术，见效也许不是很快但是作用力持久。要想让一个人对自己的行为真正负责，依赖于他的自尊和良知的觉醒。那么首先要保住他的面子，以免他自暴自弃。

有智慧的人都把别人的自尊放在第一位，然后才设法将事情往好的方向引导。

　　一天中午，一位老板到工厂进行例行检查时，看到一些员工在挂着标有"禁止吸烟"的牌子下面吸烟。没有比明知故犯更令人气愤的了，这是大多数的心理。但是这位老板没有像大多数人那样敏感。他走到这些工人的身边，递给每个人一支烟，说："小伙子们，如果你们能到外面去抽烟的话，就真要感谢你们了。"

　　小伙子们知道自己违反了厂里的规定。但是老板不仅没有指责他们，反而送给他们每人一支烟。他们的自尊得到了尊敬，他们被人当人看，而且这个人还是老板，所以他们当然要表现得像个人。从此以后，公然在厂子里吸烟的人再也没有了。

　　这个故事中的老板就是那个智慧的人。把别人的面子放在首位，这样才能把事情解决得最完美。

　　当一个人犯了错误时，往往可以找到上百个理由为自己辩护，其中一个最常见的理由是："换了是你，也不见得比我做得好吧。"如果一个人心里有了这种想法，凭你说得再多，他也不会心悦诚服。这个时候最有效的办法就是言传身教，把你要求他做好的事情做给他看。

　　日本三洋公司的创始人井植熏，喜欢既遵守规则又敬业的员工。而他本人就是这样一个人，绝对不因为自己是老板而打半点折扣。比如，他每天早上8点准时到达公司，准确率比闹钟还高，而且几十年如一日，除非出差，绝无误差。正因为他本人以身作则，严于律己，他的员工没有一个不勤奋敬业，遵守规章。

比尔·盖茨欣赏聪明而且干劲十足的员工，但是他没有每天安逸地躺在床上，通知员工加班加点地干活。在创业的最初阶段，他跟普通的员工一样，每天工作16个小时，累了就躺在地板上睡一觉，睡醒了继续干。

一个人能做到他提倡的事，比他唠唠叨叨说一万遍更有说服力。

有的人并无意伤人面子，只是说话不当，造成了实际伤害的效果。

比如，一个老板在对一个业绩不佳的员工说："我对你的工作表现非常满意，但是如果你能在工作方法上注意一点，业绩肯定会提高的。"

员工开始觉得受到了鼓励，直到他听见"但是"这两个字。他很有可能对开始的表扬产生怀疑，对他来说，这个表扬也许只是后面批评的引子而已，可信性遭到质疑。

但是如果老板这样说："我对你的工作表现很满意，而且你的进步也很快，说明你在这方面有潜质。如果在工作方法上做一些改进，我相信你的进步会更快。"

这样说员工就不会感到批评的暗示，同时也能够受到鼓励，并尽力做得像老板期待的那样好。

在说服他人时也要倾听

方小姐在某保险公司从事外勤工作已20年了，是个经验非常丰富的行家。就是在公司众多外勤人员中，她的成绩也一直是出类拔萃的。她在劝客户上保险时不采用劝说的方法，这也正是与其他外勤人员的不同之处。后者通常的做法是在客户面前摆上好几本小册子，然后向他们说明到期时间和应收金额，并口若悬河地以一种非常熟练的语调反复地讲述客户在投保后，将能得到多大的好处。

而方小姐却与此相反，这样的话一句也不说。她总是从对方感兴趣的话题说起，稍许谈谈自己在这方面的无知和失败的体会。原对劝说投保一事，心存芥蒂的对方因为她谈的是自己喜欢的话题，这样便在无意中跟她谈了起来。之后她总是听着，并为对方的讲述而感到钦佩和惊叹。对方却不知不觉地倾吐了内心的烦恼，谈了自己对将来的理想和希望。方小姐依然还是专心地听着。直到最后，自己才主动地说出投保的想法："这么说，还需要适当地投保啊！"

方小姐是一个善听人言的高手。不过，在此可以断言的是：她并不是因为生意上的缘故而装出一副倾听对方言谈的样子的。与此相反，方小姐在这段时间里甚至忘记了工作，诚心诚意、极其认真地听对方讲话。也正因为如此，对方才会对她敞开心扉，吐露真情。即使在旁人看来，他们之间的对话像是单方面的，但实际上，这二人进行着心灵上的交流和沟通。

要做一个善听人言者，这比任何一个雄辩者都要更吸引人，同时也是在任何场合说服任何人的有效手段。

既然倾听别人的说话这么重要，那么有哪几点是值得注意的呢？

1. 要专心。倾听时要精神集中，神情专注。为表示自己注意倾听，要多与对方交流目光，别人讲话时要适时点头，并发出"是""对""哦"等应答。但不要轻易打断别人的谈话，也不要随便插话，若非插话不可，要先向对方表示抱歉，并征得对方同意，如"对不起，我可以提个问题吗？"或"请允许我打断一下。"

2. 要虚心。交谈中要尊重对方的观点，即使你不同意别人的看法，也不要轻易打断别人的谈话。如确有必要，需等别人讲完后再阐明自己的观点。特别是对方还没有充分地把自己的意思表达清楚的时候，不要轻易表态，乱下断语，也不要挑剔批评。否则会让人感到你有一种优越感，影响交谈的进行。

3. 要耐心。交谈中要注意控制自己的情绪。有时会因为对方过长的发言或自己不感兴趣的话题而感到厌烦，这时要学会控制自己的情绪，不要使之表露出来，要耐心听他把话讲完，这是对讲话人的尊重。特别是对方有意见的时候，要耐心倾听，给对方提供宣泄自己不满的机会。

尊重也是一种有效说服

　　人都是有自尊的，渴望获得他人的尊重。大而言之在社会阶层中，小而言之在一个团队中，只有收入高低、分工不同的区别，但绝对没有人格的贵贱之分。扪心自问，我需要别人的理解和尊重吗？同样，这也正是别人都需要的。聪明的人就要先理解和尊重别人。

　　俗话说，人的心灵就像花朵：开放时会承受柔润的露珠；闭合时会抵御狂风暴雨。假如我们在规劝别人，实际上就是让他的心灵开放。但是，被规劝的人往往用闭合来抵御我们的语言，因为他并不知道我们送的是雨露，而知道怎样保护他的自尊心。所以，要想不损伤他的自尊心，尊重别人是至关重要的一点。

　　一般来讲，我们规劝别人很容易使自己站在比别人高的位置上。而本质上，也确实比别人高，因为你自己觉得比别人的观点正确，这才能劝人；如果觉得比别人低，那就表明你观点不正确，或者对自己的观点不自信，那还去劝什么人呢？因此，劝人的人实际上的位置应该是高的，但这种高，在劝人时是不能表现出来的，只能摆在和被劝人平等的位置上，这不是虚伪，而是方法上的需要。只有当被劝人觉得你尊重他了，设身处地地在为他着想，他才能认真考虑你说的话，才能把心扉打开，才有可能达到劝说的目的。

　　相反，你自恃自己有理，说得对，把位置摆得高高在上，甚至不注意语言的表达方式，一派批评人的口气，势必引起被批评人的反感，因为你没有尊重他，他会想出各种办法来对付你，使你不但没有达到规劝的目的，还生一肚子气。如果他迫于某种压力或其他因素，而屈服于你的批评，口头上也许承认自己错了，内心深处还是不会听你的。

我们来举一个老师在课堂上提问学生的例子。

老师："请张丽同学回答问题。"

张丽："我不回答。"

老师："张丽同学，你既然不回答我的问题，必定有原因。你能告诉我是什么原因吗？既然你不肯说明，那让我分析一下：是不是我有什么地方做得不好，不能为人师表，不能让同学们信服，甚至玷污了人民教师的光荣称号，才使你这样呢？"

张丽："老师，没有，没有的事。"

老师："既然我还称职，我想你也不是有意让我难堪。那么，让我猜测一下你是怎么想的吧。我认为，不外有三种情况：第一，可能是我的启发式教学搞得不得当，问题提得过于浅薄，引不起你的兴趣，你不屑于回答，是这样吗？"

张丽："不，不是。"

老师："第二，是你能回答这个问题，但不想回答。如果是这样，你现在回答也不迟。"

张丽："我……我……"

老师："第三种情况可能是你不会回答，但又碍于情面，不肯承认自己不会回答的现实，忽然一时糊涂，想以强硬的态度搪塞过去。但我为什么要这样认真呢？我实在不愿看到你交不上答卷呀。"

张丽："老师，您，您别说了……请告诉我这个问题该怎么回答……"

这位老师不仅十分尊重自己的学生，还心平气和地耐心引导，消除了学生反感的情绪，终于打开心扉。试想想如果这位老师居高临下，不管青红皂白，一通批评，学生的抵触情绪会更大，不会轻易地认错的，因为她失了面子，老师势必没有达到规劝的目的，甚至可能连课也没法往下上了。

说服他人的目的是想让对方接受我们的观点，按照我们的意图来做事。所以在说服的过程中，不能一味地认为理由充分，也需要尊重对方，用温和、谦虚的口吻沟通。苏格拉底对他的学生曾经说过一句话："我一生只了解一件事，那就是什么都不了解。"这句话告诉我们，要尊重他人，不是要教导他人而教导他人，要以讨论的方式去说服别人。

投其所好，顺其所爱的说服术

"投其所好，顺其所爱的说服术"能让别人对自己产生深刻的印象，产生好感，是因为每个人都希望有人能够和自己有共同的兴趣爱好。有了共同的兴趣爱好，才更容易拉近彼此之间的距离，进而引出所要说服的话题。

曾经有一位很成功的销售员说过："如果想使客户购买你销售的商品，首先要了解其兴趣和关心的问题，并将这些作为双方共同话题的切入点。"

的确，销售员成功销售的第一步就是打开客户的心墙，要想与客户培养良好的人际关系，最好尽早找出双方的话题的切入点。下面是一个成功利用切入点为开场白的例子：

"好可爱的小狗，是条名贵的西施犬吧？"

"是的。"

"毛色真好，洁白无比，您一定每天都给它洗澡吧？很累吧？"

"是啊，不过是一种喜好嘛，就不觉得累了。"对方非常高兴地回答。

每当遇到爱犬的客户，这位销售员总是这么非常顺利地与顾客搭上腔。这种方式非常有效，总能立刻引起对方的共鸣，引导对方做肯定回答，并且自然地转移话题，"言归正传"切入正题。

投其所好并不是容易的，这个问题不适合主动挑起话题，更多的是要暗示，表明是不经意和他人的兴趣爱好相一致，更令他人兴奋。如果主动挑动话题，往往达不到效果。

比如说："一个喜欢写诗的人，你要是主动去和他大谈特谈写诗，他可能很厌烦，因为这方面他是专家，你所说的在他看来一句都说不到点子上。

如果你无意中表示出兴趣来，让他来谈论，你们的沟通就会很融洽。不经意地表达出和别人一样的兴趣爱好，会让别人主动贴近自己，他们心想：啊，他也喜欢。"

要投其所好，最关键一点是了解到他人真正的兴趣爱好，自己也得在这个爱好上有所准备，沟通时，自然流露出来。注意！投其所好的原则是：不经意流露。

投其所好，既是一种说服技法，又是一种劝导他人的思路。就是说，根据被说服一方的性格特征、兴趣爱好、文化修养、人生经历，选择他爱听、中听、合他胃口的话或事例，并顺着他的感情倾向、审美意识、道德标准、价值取向加以诱导与启发，使之对劝说一方产生"无话不可对君谈"的亲切感、信任。

让对方愿意听我们说话的六大技巧

有些人说话虽然在内容上不占优势，但他的说话方式却会给人一种非常迷人、令人舒服的感觉。毕竟说话者有其本性，每一次对话会因为说话技巧的不同而有各种不同的回响、反应。那么，使对方愿意听我们说话并把他步步引入对话的绝佳境地有什么技巧呢？

技巧一　风格明快

生活中大多数人不喜欢晦暗的事物，即使草木也需要阳光才能生长。同样，给人阴沉感的谈话，会让人有疑虑感、厌恶感及压迫感。反之，说话简洁明快，则容易让人接受。

技巧二　声音独特

有的人说话的声音给人一种享受，因为他的嗓音实在是很动人。他们谈话时，非常注意说话的声音，而选择说话的声音，完全依靠他们的天赋、个性及所要表达的情感而变化。有条件的话，你可自我充当对象，把自己的话录下来再仔细地听，你可能会吃惊地发现，自己说话竟有那么多毛病。这样经常检查，发音的技巧就会不断提高。

技巧三　语气肯定

每个人都有自尊心，很容易因为某些微不足道的事就感到自尊心受损。如此一来，在谈话中你若是稍不注意说话的方式方法，他（她）会立即反射性地表现出拒绝的态度。所以要对方听你说话，首先得先倾听对方要表达些什么。所谓"说话语气肯定"并不是指肯定对方说话的内容，而是指留心对方容易受伤害的感受。

技巧四　语调自然

自然的声音总是悦耳的，在交谈中我们应该注意，交谈不是演话剧，无论你是什么样的语调，都应自然流畅，故意做作的声音只能事与愿违。当你交谈的对象不是一个人，而是许多人时，应采用以下技巧：当前一个人声音很大时，你开始说话时就可以压低声音，做到低、小、稳；当前一个人音量较小时，你的开始句就要略提高嗓门，清脆响亮，以引起大家的注意。

技巧五　习惯用法

人类生存在当今的语言环境中，对于语言拥有自己的运用标准，一旦不符合标准，就会产生不协调的感觉，其中包括语气与措辞。在人际关系中，确实有必要根据实际情况或对方是谁而分别使用适当的语言。如果不分亲疏远近，一律以和同事谈话时的措辞来谈，那么对方将不会老老实实地听我们说话。

"太好了""好棒哟""真可怕"这些都是一般女孩子说话时常会冒出来的感叹语。当然，这也是一种感情流露的表现。

一句话若没有抑扬顿挫，则流于平淡，引不起对方的兴趣，若能添一些感叹词，则能增加彼此之间的谈话气氛，但要适可而止，过多的感叹词，亦会抹杀言辞的重要性，使对方不能分辨你的意思。

技巧六　思路清晰

当之前的谈话争论不休，而且没有头绪时，你站出来讲话，就要力求语句简短，声音果断，有条理。

在大众场合发言时，你要想清楚自己讲什么，怎么讲，讲到什么程度。再者最好不要夹在中间，要么赶在前面，要么最后再讲，这样才能使人印象深刻。

第五章

注重形式，
怎样说服比说什么更重要

　　俗话说："一句话，百样说。"在说服的过程中注重形式，怎样说比说什么更重要。一个一开口就"我"的人，是很难成功说服对方的。相反，如果你换一个形式，说把"我"改为"我们"，相信你办事说话自然会容易很多，别人也更容易接受。

多说"我们"少说"我"

《福布斯》杂志上曾登过一篇"良好人际关系的一剂药方"的文章，其中有几点值得借鉴：语言中最重要的5个字是："我以你为荣！"

语言中最重要的4个字是："您怎么看？"

语言中最重要的3个字是："麻烦您！"

语言中最重要的2个字是："谢谢！"

语言中最重要的1个字是："你！"

那么，语言中最次要的一个字是什么呢？是"我"。

亨利·福特二世描述令人厌烦的行为时说："一个满嘴'我'的人，一个独占'我'字，随时随地说'我'的人，是一个不受欢迎的人。"

农夫甲和农夫乙忙完了田里的工作，一起回家。他们走在路上，农夫甲忽然发现地上有一把斧头，就跑过去捡起那把斧头。他说："我们发现的这把斧头还挺新啊！"就想带回家占为己有。农夫乙看到这把斧头是农夫甲发现的，应该归他所有，就对农夫甲说："你刚才说错了，你不应该说'我们发现'。因为这是你先看见，所以你应该改口说'我发现了一把斧头'才对。"他们两个继续往前走，农夫甲的手上仍然拿着那把斧头。过了一会儿，遗失这把斧头的人走了过来，远远地看见农夫甲的手上拿着他的斧头，就匆匆忙忙地追上来，眼看对方就要追上来了。这时候农夫甲很紧张地看农夫乙一眼，然后说：“怎么办？这下子我们就要被他捉到了。”农夫乙听他这么一说，知道甲想把责任归咎到两个人的身上。于是农夫乙就很严肃地对农夫甲说：“你说错了，刚才你说斧头是你发现的，现在人家追来了，你就应该说‘我快被他捉到了’，而不是说‘我们快被他捉到了’。”

在与人沟通中，“我”字讲得太多并过分强调，会给人突出自我、标榜自我的印象，这会在对方与你之间筑起一道防线，形成障碍，影响别人对你的认同。因此，要想在任何场合都能说服任何人，我们就要避开“我”字，而用“我们”开头。

有一个不受人欢迎的年轻编剧，有一次，他跟自己的女友谈论自己的剧本，谈论了两个小时后，他对自己的女友说：“我已经说那么多了，现在你来说说我的剧本怎么样吧。”他的女友听了之后很生气，拂袖而去。

这个笑话说明了那些总是说“我”的“大独裁者”，他们总是对自己的事情有兴趣，半句不离“我”这个字，他们对别人不关心，跟别人聊天的时候总是不欢而散，而他们还自以为是地觉得别人不尊重他。他们脑海里一般有一些不正确的认知。比如说，我一定要让自己看上去比其他人强；人们都注意我，我才算成功；我说的话题很好，他们一定喜欢，等等。他们觉得那样说话最能表现出自己，能够获得很多朋友，殊不知自己已经犯下了说话的大忌。

运用具有说服力的字眼

当我们所说的话用对了字眼时就能叫人笑、治疗人的心病、带给人希望。然而若是用错了字眼就会使人哭、刺伤人的心、带给人失望。同样地，借着所用的"字眼"可以让别人了解我们崇高的心志和由衷的愿望。

马克·吐温说："恰当地用字极具威力，每当我们用对了字眼……我们的精神和肉体都会有很大的转变，就在电光石火之间。"

历史上许多伟大人物就是因为善于运用字眼的力量，大大地激励了当时的人们，他们跟随着这些伟大的人物，塑造出今天的世界。的确，用对了字眼不仅能打动人心，同时更能带出行动，而行动的结果更展现出另一种人生。因此，我们要想能够在任何场合都能说服任何人，在说话时就要适当运用具有说服力的字眼。这样才能调动他人的情绪，也才能达到说服的目的。

当美国的帕特里克·亨利站在 13 个州代表之前慷慨激昂地说道："我不知道其他的人要怎么做，但就我而言，不自由，毋宁死。"这句话激发了几代美国人的决心，誓要推翻长久以来压在他们头上的苛政，最终建立了美利坚合众国。

许多人都知道人类的历史就是由那些具有威力的话所写成的，然而却很少有人意识到那些伟人所拥有的语言力量却也能够在我们的身上找到，这能改变我们的情绪、振奋意志乃至于有胆量敢于面对一切的挑战，使人生过得丰富多彩。

我们在跟别人说话时常常用字十分谨慎，然而却不留意自己习惯用的字眼，殊不知我们所用的字眼会深深影响我们的情绪，也会影响我们的感受。因此如果我们不能好好掌握怎样用字，如果我们随着以往的习惯继续不加选择地用字，很可能就会扭曲所历经的事实。

譬如说，当你要形容一件很了不起的成就时，用的字眼是"不错的"成就，那对你的情绪就很难造成兴奋的感觉。这全是因为你用了具有局限性的字眼所致。一个人若是只拥有有限的词汇，那么他就只能体验有限的情绪，反之若是他拥有丰富的词汇，那就有如手中握着一个可以调出多种颜色的调色盘，可以尽情来挥洒你的人生经验，不仅为别人，更可以为自己。

美国总统罗斯福在担任总统之前，曾经担任海军的工作。有一天，他的好朋友来找他谈论事情，这位朋友听说海军在加勒比海的一个小岛上建立潜艇基地的计划，他对此很感兴趣，于是就问罗斯福关于这个计划的事情。罗斯福知道这个计划是要保密的，但是朋友也不是什么坏人，如果直接拒绝他，他就会觉得自己在摆架子，于是他很机智地小声问道："这个是国家机密，你能保密吗？"他的朋友高兴地说："那肯定能。"罗斯福微笑着说："那我也能。"他的朋友就对他笑了一笑，没有再说什么。

一家旅馆面试3位男性，问他们："如果你不小心推开了房门，不小心看到了正在洗澡的女客人，而女客人也看到了你，这个时候你应该怎么办？"

第一个面试者说："说一声'对不起'，然后关门出去。"

第二个面试者说："说一声'对不起，小姐'，然后关门出去。"

第三个面试者说："说一声'对不起，先生'，然后关门出去。"

结果就是第三个面试者被录用了。

以上两个故事都是把消极地字眼转化成积极的字眼的故事。

生活中时时选择使用积极性的字眼，最能振奋我们的情绪，反之，若是选择使用了消极的字眼，就必然很快地使我们自暴自弃。遗憾的是我们经常不留意所用的字眼，以致错失唾手可得的大好机会。因此我们务必要重视使用字眼的重要性，在说服他人的过程中加入运用更多具有说服力的字眼。

批评或者建议时要多用"如果我是你……"

在给他人建议或者委婉的批评他人时，我们要怎样沟通才能既让对方容易接受又能达到说服对方的目的呢？在批评或者建议的时候，多运用"如果我是你……"站在对方的立场上，从心底里尊重他人，这样他人觉得自己是受人尊重的，便会容易采纳你的话，进而达到说服的目的。

小林在美国快餐店打工时，他的经理便是这样做的，给小林留下了很深刻的印象。

读书时，小林曾在美国的一家快餐店打工。刚上班不久，他对工作的程序还不熟练，错把一小包糖当作奶精给了一个女客人。

因为他一个小小的疏忽，使得这位女客人非常生气。也许是因为她正在减肥，或者是刚失恋，她当着所有客人的面大声对小林咆哮，简直把那包糖当成毒药："你干什么给我糖？难道还嫌我不够胖？"

那时的小林初来乍到，完全不懂减肥对美国人来说是一件多么沉重的事，呆呆地愣在那里，不知所措。

快餐店的女经理闻声而来，沉着冷静地面对这一切，在小林耳边轻轻地说："如果我是你，我会马上道歉，并且把她要的东西快点给她。"

小林照经理的吩咐做了，并表达了最诚挚的歉意。那位客人有了台阶下，数落了几声就放过他了。

闯下这个大祸，小林忐忑不安地等着经理出来数落他。没想到经理只是过来对他说："如果我是你，我会在下班后把这些东西认认真真熟悉一下，以后就不会再拿错了。"

不知道为什么，这一句"如果我是你"竟然使小林非常感动，好像听到的是一位朋友的意见，而不是上司的命令，他有一种受到"尊重"的感觉。

后来，可能他比较幸运，无论他在学校上课，还是在其他地方打工，不管是老师也好，老板也好，他们明明是提出不同意见，明明是在批评哪里不好，他们却很少会直接地责问，他们不会说："你怎么能这么做？""你以后不能再这么做！"而是用委婉的口气说："如果我是你，我大概会……"

这种交谈方式使小林完全不感到难堪，不感到沮丧，取而代之的是一点温暖和几许鼓励。

只是多了那么几个字，一下子就站到了对方的立场。大家站在同一阵线，每个人都设身处地地替人着想，哪里还会有什么不满的情绪？更别说会造成什么人与人之间的隔阂、代沟了！

小林时常想："真奇怪，怎么我碰到的老外就这么会做人？他们真懂得说话的艺术，可以把话讲到人的心坎里。"后来，他发现他们之所以会如此说话，是因为他们从心底里这么想。

当你真正尊重别人时，你说出来的话也会像沾了蜂蜜一样甜，而且你所沾的是天然的蜂蜜。

有一次，小林去一个美国演员家做清洁工。这个演员不是什么大明星，但是也属于中上层人士，当女主人交代完他所该做的工作时，突然对他说："请问我可以吸烟吗？"

小林吃了一惊，结结巴巴地回答："你……你是在问我？"

她笑着说："是啊！我想抽根烟，可以吗？"

"这是你的家呀！怎么抽烟还要经过我的同意？"

"我吸烟会妨碍到你，当然应该要得到你允许。"她一副理所当然的样子。

在小林点头之后，她才拿起烟，把它点燃。

那天，小林发呆了很久，也想了很久。一个人在自己家里抽烟，还要温文儒雅地征求清洁工的同意，真是匪夷所思！更何况这位清洁工还不是本地人，根本不可能会有什么沽名钓誉的嫌疑。

小林不得不承认，在她征询他同意的那一刻，他是相当高兴的。尽管他当时只是一个清洁工，还是可以和人平起平坐，仍然有自己不被侵害的权利；因为尊重，他并不比任何人矮一截。

在与人沟通时，我们一定要从心底尊重他人，说话时多运用"如果我是你……"这样的话，他人便会倍感亲切，也会很容易接受。

得到听众赞同的方法

前西北大学校长沃尔特·斯科特说过："一个新的想法、观念或结论往往在刚提出来的时候被视为真理，除非它得到一种对立观念的阻碍。"

这句话说明了我们应该如何让听众对你产生一种认同心理。我的好朋友哈利·奥维奇博士，曾在纽约社会研究学校发表演讲，探讨这个说法的心理背景：懂得说话技巧的人，会在一开始就从听众那儿得到许多"是"的反应。这样可以引导对方进入肯定的方向。就像撞球一样，原先你打的是一个方向，但只要一稍有偏差，等球砸回来的时候，就完全与你所期待的方向相反了。

在这里，心理的转变方式可以看得很清楚。当一个人真正说"不"的时候，他不仅仅只是说一个"不"字而已，他全身的所有组织——内分泌腺、神经、肌肉，都会进入一种拒绝状态。但假如他说"是"，这些拒绝状态便都消失，全身的组织则都呈开放、接受的态度。因此，假如我们能在谈话一开始获得越多"是"的反应，则越有可能使对方接受你的整个意见。

获得听众的"是"反应，这是个很简单的技巧，却为大多数人所忽略。也许有人以为，一开始便提出自己的相反意见，正可以显示出自己的重要与主见。事实上，这有什么好处呢？假如你只是想得到一些斗嘴的乐趣，或许可以这么做，但假如你想达到某些目的，这么做便显得愚不可及了。

无论是学生、顾客、小孩、丈夫或妻子，一旦开始说了个"不"字，就是智慧天使也很难把逆势扭转过来。

那么，如何在谈话开始便得到观众的赞同反应呢？十分简单。林肯曾说道："我的方法是，首先你得先找出一个彼此都会同意的基准点。"林肯发现，即使在讨论极为敏感的奴隶问题时，这个方法仍然有效。在一份描写林肯谈话的报告书曾提到："在最初的半个钟头，他的对手都同意他所说的每个字。从那时起，他便开始一点点把话题引至他所要涉及的方向，而且完全在他掌握之中。"

所以，与听众持不同说法，只会诱发他们原本固执的个性，并开始进行自我防卫，一旦这样你就很难改变他们的想法了。假如你一开始便说："我要证明这个或那个。"听众就会产生反感，并在心里说："让我们走着瞧吧。"

假如你一开始就强调你和听众都相信的事实，然后逐渐提出一些适当的问题，使每个人都愿意回答，这不是更为有利吗？引导听众回答这些问题，与他们一同寻找答案，在共同寻求答案的过程当中，使他们不知不觉地接受你的结论，这样他们会对你所提出的事实更具信心。"最好的争论方法，看起来就只像是一场说明。"

在许多争论当中、无论双方的差异有多大，通常都可以找到双方同意的基准点。例如，1960 年 2 月 3 日，英国首相哈罗德·麦克米伦到南非联邦的国会发表演讲。那时，南非仍然实施种族隔离政策，因此麦克米伦首相在南非的立法院表露了英国对种族政策的看法。他是不是一开始就反对这种政策呢？不。他一开始便强调南非在经济上所取得的许多成就，对世界其他地区的贡献，等等。然后才极富技巧地把问题引至不同的观点上。即使如此，他还是不断表示，这些差异点都是基于彼此不同的信念。以下是他演讲内容的节录：

"身为大英王国的一位公民，我们极其愿意对南非献出我们的支持和鼓励。但恕我直言，你们有许多政策实在很难让我们支持和鼓励你们。在我们的国土上，我们一向致力于谋求政治地位的平等。我知道我们不该彼此居功或互相责难，而应以朋友相互对待。事实是，在当今这个世界，我们彼此仍存在着许多见解上的差异。"

无论你的看法与演讲人有多大不同，上面的讲法，由于演讲人所表现出来的公正态度，应该很有可能使你接受他的观点。

假如麦克米伦首相当初不是先寻找共同点，而是一开始便大肆强调双方的差异，那结果会如何呢？詹姆斯·罗宾森在其《制造中的心灵》一书中，针对这个问题提出了心理学上的答案：

有时候，我们发现自己可以毫不困难地改变自己的思想。但是，假如别人跑过来告诉我们错了，我们必定要起来表示愤慨，并且更加坚定我们的决心。

关于许多信仰，我们对其形式或组织其实并不大注意。但假如有人极力想改变或破坏，我们就会发现自己竟然对这些信仰充满热忱。很明显，倒不是这些信仰的内容多么吸引我们，而是我们的自尊不容受到伤害……"我的"这两个字，是人类事务当中最重要的词汇，可能也是人类智慧的起源。无论你是讲"我的"晚餐、"我的"狗、"我的"房子，或"我的"父亲、"我的"国家、"我的"神，等等，这两个字都具有同等的威力。不仅是别人指出我们的手表出了差错，或我们的汽车破旧不体面等引起我们的愤慨，甚至像某些观念，如火星上面的线条、某某字的发音或是水杨酸的药效等，若有人指出"我的"看法不对，同样会引起我的愤慨。我们喜欢相信一些习以为常的东西，若有人对这些信仰提出质疑，不但会引起不快，我们还会找尽各种理由去维持我们固有的信念。

变"命令"为公意，使人心悦诚服

给部下以讨论、修正上司指示的机会，以消除指示的"命令"色彩，而自觉积极地服从上级命令。

某汽车公司的董事长很有些"假公济私"的本事，即使碰到棘手的人事问题，亦能圆滑地将自己的意见演变成"大家的意见"，而使自己的决定得以顺利贯彻。

每当需要重新协调企业的人事关系，进行内部改组，这位董事长就会给下属的经理、部门主管吹风，先传达自己的主旨，再说："为加强某部的工作，急需补充人才，希望各位争当伯乐。如认为谁有出色才能，请及时推荐给我。"过几天后，经理、部门主管送来推荐名单，董事长将名单浏览一遍，但并不表示自己有何意见。

在他看来一般的职员，就才干而言，差别并不大，关键是作为上司能否信任部下，如果是自己推荐的人选，自然会全权负责，且尽心栽培。

这样一来，人事问题便轻而易举地解决了，使人完全没有上司一手包办的感觉；而下属在推荐人才后，会在今后的工作中，进一步提高积极性。

在会上，董事长同样运用这种技巧，先将自己意见的要点大概讲一讲，然后说："我就简单地说到这里，至于具体内容、细节，请诸位充分讨论，畅所欲言吧！"说完双目一闭，静静地养起神来。其间，与会者一个个踊跃发言，毫无顾忌地谈出自己的意见、想法，等到结论出来后，他才睁眼，说："诸位同心协力，朝着一致的目标前进吧！"然后宣布散会。

实际上，会议决议基本上就是董事长的设想，与会者的讨论，不过是稍加补充、休正罢了。然而，这些参加会议的下属，均有一种自己参与决策的满足感。这样，尽管是上司的命令性提案，却让人觉得这是"公意"，而不会产生压抑的感觉。所以，大家贯彻起来便格外卖力。

善于摆出实物说话

俗话说："耳听为虚，眼见为实。"

最容易引人注意、加深对方的印象并使人不会忘记的，莫过于将实物展现在人的面前。无论我们是在提议或是在劝告，让事实说话总是能打动他人的最简单的办法。

米切尔本是每周领 10 美元薪水的办事员，他后来当上了美国最大的一家银行的董事长。

当他还是一家证券公司的主任时，常常有证券销售人员跑到他的办公室，抱怨没有人买证券。每当发生这种事时，他从来不争辩，只是说："把你的帽子戴上，我们一起出去吃点什么。"

于是，他就借机会领着抱怨的人登上一座高耸的建筑，站在窗口往下看。

米切尔说："仔细地看下去，那里有 600 万居民，他们的总收入有几十个亿。他们正等着有人到那里去告诉他们如何才能最好的利用他们的积蓄，好好看看吧。"

用这种方法，销售人员几乎无一例外地重新打起了精神。

米切尔的成功说服在于，他不只是用语言来鼓励那些意志消沉的销售人员，而是把事物都摆在他们面前，让他们用自己的耳朵听，用眼睛看，去分析事实的真相。

"建筑之王"希尔也曾用这一招成就了自己非凡的事业：

当年，希尔在承包已经破产的圣保罗城至太平洋沿岸的铁路建设时，急切需要得到大银行家斯蒂芬的支持。

由于将要修筑的铁路将延伸到广袤偏僻的草原上，斯蒂芬觉得，这样荒凉的地方根本就没有办法运营铁路，他一点兴趣也没有。无论希尔如何费尽唇舌，斯蒂芬始终不肯答应提供银行的贷款。

直到有一天，希尔将斯蒂芬拉上了一辆通往西部的火车，在终点站停下时，斯蒂芬改变了想法。

原来，火车的终点站四周聚集了很多人，由于火车行到这里就结束了，各种运输车辆把小路挤得满满的。

看到这么多的人，斯蒂芬兴奋起来，他可以想象出一幅到这里大移民的情景了。这时，他变得非常友好，而且主动提出要与希尔合作。

我们注意到，当一种观念进入人心很长时间后，外人是很难用话语将它改变的。这时，要想改变一个人对一件事的偏见，就要找到与他观念相悖的事实，自然而然地引入这个事实，并在时机成熟时阐释它、发挥它，使之真正成为你的有力证据。

年前，某集团总裁钱先生约见新技术总监方女士时，了解到她的顾虑：方女士刚从国外回来，因为自己没有背景，又是年轻女性，担心受到歧视。为了打消方女士的顾虑，总裁钱先生请了三个人作陪，一位是经理张小姐，一位是宣传部庄女士，另一位是总裁太太的侄女儿。为什么请这三个人呢？因为她们都是从国外留学回来的。钱先生先介绍三位陪客，然后讲了公司的制度，讲男女员工的平等地位，让方女士不必担心会受到歧视。如果没有三位女士在场，以事实作证，方女士未必会相信钱先生，未必会去除偏见，打消顾虑。

总之，要想赢得他人的注意、获得他人的信任，最简单的方法就是把实物摆在他人面前。对于普通人来说，眼见为实最能让人信服。在说服的过程中尽量提供一些实物，聪明人常用这种方法。

用数字说服人

数字可能是最简单，也可能是最深奥的。数字拥有非凡的说服能力，不容忽视，它能给人一种真实、具体的感觉，让对方在脑海里形成清晰的图像，特别是在使用对比性数字的时候，这个效果会比单纯地罗列数字更为明显。

在交流、沟通、演讲以及说服中，如果你能巧妙地运用数字，将取得事半功倍的效果。

1922 年，来自纽约的一位女国会议员贝拉·伯朱格进行了一次演讲，呼吁在政治生活中给予妇女以平等的地位。

她说："几个星期前，我在国会倾听总统对全国发表讲话。在我周围落座的有 700 多人。我听到总统说：'这里云集了美国政府的全体成员和内阁成员。'我环视四周，在 700 多名政府要员中，只有 12 人是女性；在

435 名众议员中只有 11 人是女性；内阁人员中没有女性；最高法院中也没有女性。"

她列举的这些具有鲜明对比的数据说明了她的观点。无论你是否赞成她的观点，在这些确凿的数字面前，你都不得不承认，在这个国家的政治生活中确实存在着严重的性别歧视问题。

这就是数字的力量。它意味着铁的事实，比任何苦口婆心的劝说更有说服力。

你是否认为某些新闻所列举的事实令人触目惊心呢？如果有人告诉你一些电视节目对青少年的身心危害很大，也许你会点头称赞，但是你真正重视起来了吗？但如果告诉你这些具体的数字，你的反应就不会那么平静了。

《纽约时报》刊登了这样一篇文章："调查表明，从 1 年级到 12 年级的青少年学生，大约有 1 万多人是在听摇滚音乐中度过的，这比他们在校 12 年度过的全部时间只少 500 个小时。有人做了一次普查，平均每一位观众一年中从电视节目中可以看到 9000 个表现性行为的镜头。暴力场面更多。一般高中生到毕业时，观看电视 2.2 万小时，相当于他们在课堂时间的 2 倍，在这 2.2 万小时里，可以看到 1.8 万次谋杀……

这些具体化了的危害结果，比任何笼统地说辞更能激起你对这个事情的关注吧！因此，无论在哪种说服场合下，都要恰当地穿插一些数据。

下面是某一个重点高中的招生启事，我们看看它是否具有说服力。

本校是省立重点中学，师资力量雄厚，校风严谨、务实，校园环境幽雅，是您理想的选择。今年计划招生 200 人，要求……

如果你是学生，当看到这则招生简章的时候，你会注意"重点""务实"之类的词语吗？你当时或者随便把它丢在一边，或者只是简单浏览一下具体要求是什么，但无论如何都不会激发你想进该校的强烈愿望吧。

那么再看下面的这则招生简章：

本校高中毕业班今年考上重点大学 458 人（其中升入清华大学 52 人、北京大学 97 人），考上专科学校 321 人，升学率达到 92%……本校有资深教师 278 人，其中 152 人获得全国优秀教师称号；本校拥有全国最先进的教学实验室和多媒体教学设备……进入本校就等于一只脚迈进了清华北大。你做好准备了吗？

看到这则招生简章的时候，你还会无动于衷吗？你是否在想：或许 3 年后，我就是这 52 人中的一员，或者成为 97 人中的一员吧。

显然，第二份招生简章更具有说服力。这就是数字的说服力量。

附：在说服中恰当运用数字的技巧

1. 将换算的数字形象化，使那些难于感知和认识的数字更加生动

元朝至正年间，海宁一带水路不通，陆路运送军粮只能靠人力肩挑车载，而当地百姓又屡遭战乱，不宜再行征用。将军董搏霄向朝廷建议，改用士兵搬运军粮，但遭到朝廷一些大臣的反对，说国家历经战乱，兵力不足，军士疲惫，若再运送军粮，远途劳顿，势必削弱战斗力。

董搏霄说："军人搬运粮食，可用百里一日运粮之法。方法是：每人距离 10 步，36 人就是 1 里，360 人就是 10 里，3600 人就是 100 里。每人每次背米 4 斗，米用夹布口袋装好，封上印记，由一人传递给另一人，人不停走，米不着地。每人每天走 500 个来回，单人行程往返为 28 里，负重 14 里，空手轻行 14 里，每天可以运米 200 石。如果每人每天供应一升米的话，那么，这 3600 人运一天的粮食可供 100 里之外 2 万人吃一天。况且，单人行程每天仅 28 里，每次负重 4 斗仅行 10 步，往返劳中有逸，长队传递，类似游戏，绝无疲师之虞。"

朝廷采纳了这一建议，果然简便易行，效率很高。董搏霄提出用士兵运送军粮时，遭到大臣反对，他将这一合理使用人力、提高劳动效率的运送方法，换算成具体数字，而这一连串的数字，通过运筹巧排，化成生动的形象——排成百里长队的士兵，如游戏般地传递军粮的动人场面。计算之精确，运筹之巧妙，使反对的大臣无法拒绝这一建议。董搏霄轻十步、重十步的百里一日运粮法的建议，终于被朝廷采纳。

2．巧妙利用数字的心理作用

20 世纪 70 年代，在日本被誉为畅销书制作霸王的神吉先生，策划了一本以《读心术》为题的书，并约心理学家多湖辉来写。对于从未有过写书经验的多湖辉，这的确是一件难以办到的苦差事。可是神吉先生不理会这种顾虑，语气轻松地说："怎么样？题目还不错吧？！马上动手写吧，300 页稿纸左右就可以了，你一天写 5 页左右就行！"

奇怪的是，经他这么一说，先前还觉得很困难的多湖辉先生忽然感到肩上的负担轻多了，觉得两个月后交出底稿也并非不太现实。起初，一想起时间长达两个月，原稿长达 300 页，一种难以承担的重压感不免袭上心头。可经神吉先生"一天写 5 页"一讲，想想有时给杂志社赶稿时，一天能写十几、二十几页，所以顿时感到很轻松。实际一动手，才觉得一天 5 页的定额是够高了，不过既然已经答应下来了，就不能再往后拖了。

这种利用数字的技巧在我们的生活中用得相当广泛。如写字楼出租，业主常常打出"每天每平方米仅 2 元"的广告来吸引客人，就是运用了这种技巧。实际上，要租这些写字楼，算起年租来，价格不菲。客户并没注意到年租，在一种划算的错觉下签下了租赁协议。

具体的数字最有说服力，愈是明确的数字资料愈能给人信任感。

具体化描述的使用技巧

具体化描述是增加说服力的重要技巧，它能让对方的头脑里浮现出一个你所描述的画面或图像，进而充分感受到你所传达的意境。

要想给说服对方留下深刻的印象，除了利用实物和数字之外，你还应该对你的理由进行较为具体化的描绘。

具体化描述的定义很难达到百分之百的完整。一般来说，你在描述时应尽量包括 3 个 W 和 1 个 H。这是什么意思呢？ 5 个 W 就是"Why"（为何）、"Where"（何处）、"Who"（何人）、"When"（何时）和"What"（结果），一个 H 就是"How"（如何）。

想要达到"具体化"的目的，并没有绝对要求具备哪几个特定的具体化因素，但如果能够多加运用，将能更有效地传达自己的理念，提升说服效果。我们相信，平时说话习惯具体化的人，往往比一般人更具有魅力和活泼性，无形中也累积了个人的说服力。

案例一：

一般说法：王总找到小刘，问："小刘，最近业绩怎么样？"小刘说："还不错。"

具体化说法：王总找到小李，问："小李，最近业绩怎么样？"小李说："我这个月的业绩目标是 50 万元，已经完成了 46 万元，还有 5 个近期签单的意向客户。"

分析：后者运用了数字，听起来较为"具体"，也就更能令人信服。

案例二：

一般说法："我觉得他是一个很不错的人，做人很好，很会帮助别人，做事又很快，所以我推荐他。"

具体化说法："我觉得他是一个很不错的人，每次只要他看到同事加班，就会主动过去帮忙，而且手脚利索，别人要三个小时才能完成的事，他一个小时就可以搞定，所以我强烈推荐他。"

分析：后者运用了具体化因素（why—举证），增强了具体效果，更能强化自己的观点。

案例三：

一般说法："这次旅游，我觉得很好玩，有很多的收获，所以我觉得旅游真的可以增加见识，确实是百闻不如一见，你也应该多出国旅行。"

具体化说法："这次旅游，我觉得很好玩，我发现新加坡人口虽少，民族却多元化，但是大家相处得非常融洽，人民勤奋，生活又有规律，难怪整个国家那么先进。另外我也发现，印尼和菲律宾因为信仰的关系，男人多半悠闲地生活，反而是女人辛苦在外赚钱……所以我觉得旅游真的可以增加见识，确实是百闻不如一见，你也应该多出国旅行。"

分析：后者运用了具体化因素（How—现象描述），强化具体效果，听起来也就有说服力了。

案例四：

一般说法："听说京郊农庄是一个很适合全家度假的圣地，我们全家今年也去一趟京郊农庄好不好？"

具体化说法："我们有一个同事（Who），每一年寒假（When）都会带全家（Who）到京郊农庄（Where）玩，因为听说那里空气清新、景色非常迷人，是适合全家度假的圣地（Why），每次他们都玩得好开心！（What）如果是自己开车（How）的话，还可以沿途在几个地方停留，充分享受度假的乐趣（Why）。所以，我们全家今年也去一趟京郊农庄好不好？"

巧用讲故事说服术，一个故事说服所有人

我们经常发现：很多人在听完一场演讲之后，过不了多久，内容就忘得差不多了，但是，对于里面的故事却印象深刻、久久不能忘怀。

故事是人类历史上最古老的影响力工具，从远古时期开始，人类就通过讲故事来化解对未知的担忧和生活上的挣扎。巫师和族人们一同围坐在营火边，将具有意义的故事传述给族人，教导他们培养对世界的正确认知，以及如何延续生活。

在世界名著《一千零一夜》里，大臣的女儿用一个又一个的故事，吸引了国王的注意，拯救了许多无辜的生命。同样，我们从小受到各式各样

的故事熏陶，不但开启了个人的智慧之窗，也影响了个人的人格特质……

这些都可以证明，一个生动、感人的故事可能产生多么巨大的说服力。因此，我们在进行说服时，应该懂得多使用故事来帮助我们达到说服的目的。比如说，当朋友因为失去长期依靠而心生恐惧的时候，我们可以讲述这样一则故事：

一朵看似弱不禁风的小花，长在一棵高耸的大树下。小花庆幸有大树作为她的保护，为她遮风挡雨，每天可以高枕无忧。有一天，突然来了一群伐木工人，三两下就将大树锯了下来。小花非常伤心，痛哭道："天啦！我唯一的保护都失去了，从此狂风会把我吹倒、大雨会把我打倒！啊！以后我该怎么办呢？"

远处的一棵树安慰她说："你可千万别这么想，事情跟你想象的正好相反——少了大树的阻挡，阳光会照耀你、甘露会滋润你；你弱小的身躯将更强壮，你盛开的花瓣将一一呈现在灿烂的阳光下；人们会看见你，并且称赞你！"

确实，一个人失去了一些本以为可以长久依靠的东西，自然会有难过和难以割舍的痛苦，但这其中，却也隐藏着无限的可能和机会。这则小故事将说服披上了一层亲和的外套，让人容易接受，而且不易忘记。

故事也是连接人与人之间情感最快的方式，通过故事，可以传神地将你的意念传达给对方、深深地影响对方。有人曾做过实验，以同样的条件进行相同的说服活动，其中一组不使用任何技巧，另外一组则加入"故事"元素。结果发现，两组的说服效果相差很大！我们也可以发现，市面上的许多品牌或商品，一旦被注入"故事"，增加了口耳相传的元素，很容易让人印象深刻，从而引起轰动。

应该注意到的是，流传已久的名言、成语、寓言和俚语，其背后通常也都有典故，也就是"故事"，因此，我们可以将这些简洁的话语视为故事的浓缩版本。它们的影响力有时也不亚于故事。

不管是故事还是名言、成语等，都具有强大的说服力，在说服过程中应酌情运用。为了能让它们在说服过程中发挥最大的功效，在运用时要注意以下几点：

1. 使用时要把握"适时""适当"的原则。否则，要是引喻失当，会让人贻笑大方，有损自己的说服力。

2. 引用名言时，如果能加上明确出处或原创者的名字，将可大大提升说服效果。

3. 运用故事进行说服时，务必要把握好"简洁有力"的原则，注意当时环境和时间是否恰当，同时配合适当的语调和肢体语言。

他山之石可以攻玉，巧用他人的支持

蒋介石去世那年，蒋纬国的军衔是中将，这已经是他当中将的第 14 个年头。根据国民党的规定，当了 14 年的中将若还未晋升为上将，就应强制退役，军衔也随之取消；上将则是终身制。时任"总统"的蒋经国并不打算给蒋纬国晋衔，为此蒋纬国想了一个办法。

当时蒋介石的丧事已经结束，宋美龄决定离台赴美。临动身那天，蒋氏兄弟前往送行。蒋纬国特地提早赶到府邸，他一改往日穿西装的习惯，穿了一套军装，还佩戴了全套的勋章勋标，一进门就向宋美龄行军礼。按照惯例，蒋府的家庭聚会中，大家都穿便服。因此，宋美龄见到一身戎装的蒋纬国，感到非常奇怪。

蒋纬国一本正经地回答："因为再过不久，我就没有资格再穿军装了，所以今天给母亲送行，特别让您最后看一看儿子穿军装的样子。"

宋美龄追问道："为什么？"

蒋纬国于是简单地说了一下台湾地区军队中退役的制度。

宋美龄晚年问事很少，对军中制度就更是毫无所知。所以，这个"限龄退役"的制度对她来说是一件新鲜事。她于是问道："何敬之（何应钦）为什么可以继续穿军装？"

蒋纬国答道："那是一级上将，功在国家，终身制的。"

宋美龄终于明白了。

正在这时，蒋经国也到了。蒋纬国一见他，也站起来敬了一个军礼。蒋经国皱着眉头问："在家里干什么来这一套？"

蒋纬国未及作答，宋美龄已经开腔了："纬国还可以做军人吗？"

蒋经国不知前面有文章，随口答道："他本来就是军人，干得很出色。"

"既然他干军人很出色，为什么要办报请退役的手续？"宋美龄接着问道。

蒋经国这才明白是为了哪一档子事，只好回答："纬国中将期龄到了，不过我马上准备交代给他晋升上将的事。"就这样，蒋纬国总算从中将升为上将。

抬出有身份的人帮自己进言，往往能起到事半功倍的说服效果。有些话自己说不如别人说的效果好。换句话说，想说服你的同事或主管，有时候不是直接去说服他，而是说服第三者，让第三者去说服你想说服的人，这种"间接说服法"的威力和功效，不下于自己亲自说服。

《战国策·楚策二》中有一则类似的例子：

楚怀王拘留张仪，想要杀死他来泄被欺之恨。怀王的佞臣靳尚对怀王说："拘留张仪，秦惠文王必定愤怒。天下诸侯一看楚国失去了秦国盟邦，楚国的国际地位就低落了。"

靳尚又去向怀王的宠妃郑袖说："你可知道快要失宠于大王吗？"

"为什么？"郑袖急着问。

靳尚慢慢地说："张仪是秦王最忠信有功的臣子，现在被拘留在楚国，秦王想救他，一定会把美丽的公主嫁到这里，不只如此，陪嫁之女更是姿色动人，多才多艺。各种金银财宝那是不用说的，我看还要再加上六县的封地，经由张仪献给大王。大王必定宠爱秦国公主，而秦国公主也将自抬身价，加上宝物与封地，她被册立为后，指日可待。大王沉迷声色，你的地位不保，岌岌可危。"

"阁下帮个忙吧！我该怎么办呢？"郑袖着急地说。

靳尚说："你赶快建议大王释放张仪！张仪如果被释放，对你感激不尽，秦国的公主就不会来，秦国必定记你这笔人情。你在国内，地位提升，在国外又有秦国的交情，并且留个张仪可供驱遣，您的儿子必定成为楚国太子，这可不是普通的利益呀！"

郑袖立刻去缠住楚怀王，怀王就把张仪释放了。

靳尚早有认知，楚怀王未必听他的，所以劝了之后锲而不舍、深谋远虑地找上了怀王的宠妃郑袖，此计果然奏效。这种借用他人说服的方法，虽然有点绕路，有点费时，但效果总是出人意料地好。

借用权威让自己更有说服力

人们总是喜欢附和比自己优秀的人或权威者的意见和判断，尤其是在不太认识的人或不懂的事物前，自己无法判断并下结论时，这种倾向更为明显。这就是心理学上所说的"威望功效"。

有一个心理学家曾做了这样一个实验：他让被实验的人听两种完全相同的音乐带，却告诉被实验者，其中一种知名度不高，另一种屡获评论家的推荐，听完之后，要被实验者说出哪种音乐带较好。结果发现，大多数被实验者的意见都与评论家的意见相同，他们纷纷表示："两者比较起来，前者似乎毫无价值。"

很显然，这些被实验的人受到了很有名气的音乐评论家意见的影响。

既然"威望功效"的心态渗透到人们的日常生活中，那么我们在说服过程中，就不要忘了利用这一点。例如，你如果想让上司接受你的意见，可以在表达意见后，附带地说："总经理也是这么说的。"而在说服孩子时，能顺口说一个他所喜欢的运动员或电影明星作为榜样的话，一定会很有效。

对一个病人来说，如果有人劝说他服用某种药物，即使这个人再三证明这种药物有效，并且说了许多药理知识和道理，病人总还是不免心存疑虑的。但如果是一个有声望的医生告诉他，这种药物对他的病很有效。病人一定不会有所顾虑。

人们往往会被"伟大人物"的意见或判断所影响。在今天的社会里，无论发生什么事，报纸或电视都会出现戴有评论家头衔的人的意见。研究表明，当对方听到强有力的、高度可靠的、权威性的材料时，他的固执己见的程度就会大大降低。因此，我们在说服别人时，有必要引用一些经典性的材料，以增强自己的说服力。

法国是一个盛产葡萄酒的国家，外国的葡萄酒想打进法国市场极其困难。经过艰苦的努力后，我国的一位留法研究生李华帮助一家酒厂把中国的葡萄酒打入了法国市场，但是在商讨中国葡萄酒从香港出口的问题时却遇到了些波折。

当时的香港总督是英国人，他说："按照香港法律规定，土酒要征80％的关税，洋酒要征300％的关税。中国的葡萄酒是洋酒，所以应征300％的关税。"

听了这话，李华暗自盘算一下，如果要交这么重的税，中国葡萄酒的利润将会受到严重损害。怎么办？他决定要在"土"与"洋"上下工夫。于是，他不紧不慢地吟出了一首唐诗："'葡萄美酒夜光杯，欲饮琵琶马上催。醉卧沙场君莫笑，古来征战几人回？'您可能听过这首唐诗吧？我们中国唐朝人就已经能产葡萄酒了。唐朝距今天已有1000多年了，那时中国没有像样的酒厂和大公司，只有酒作坊。也就是说，当时中国造出的葡萄美酒是比较纯粹的土酒，英国和美国生产葡萄酒的历史，恐怕要比中国晚好几个世纪吧？他产的才是真正的洋酒呢！"

一席话虽很客气、委婉，但却从理论根据上驳倒了英国人（香港总督）。后来，他只得承认中国葡萄酒是土酒，只收取了 80% 的关税。

李华准确地引用了一首唐诗，而且是脍炙人口的唐诗，证明了"中国葡萄酒是土酒"的这个观点。名诗、名言、名句都蕴含着较为丰富的文化内涵，大多被历史所认同。加之崇尚权威、崇尚名望的心理，人们很容易被引用的"经典"所折服。

主动示"弱"，主动摆明不利的信息

有经验的说服者在说服对方的过程中，会选择恰当的时机，主动提及自己的观点或产品等可能具有的一些"欠缺"——从表面上看，这样的做法有些不可思议，似乎在拆自己的台。但是，人类的心理是很微妙的，主动挑明一些不利信息，反而会让对方觉得你是一个诚实可靠的人，从而促使他下定决心接受你。

1787 年，在美国费城举行了宪法制定会议。会议中，赞成派和反对派的争论，使讨论变得白热化。双方出席者的言论都非常尖锐，最后演变成人身攻击，会场充满了火暴和不信任的气氛。在会议的关键时刻，持赞成意见的本杰明·富兰克林，收拾了混乱的场面，独排众议，促使宪法通过。

面对反对派猛烈的攻击，富兰克林站起来，不慌不忙地对反对派说："老实说，对这个宪法我也并非完全赞成。"

这句话使议会纷乱的情形突然停止了。那些反对派的出席者听了这句话后愣在一旁——富兰克林对自己所支持的宪法居然不完全赞成。富兰克林等了一会儿，又继续说："我对于自己赞成的这个宪法并没有信心。也许出席本次会议的各位，对于较细的法则还有些异议，但不瞒各位，我此时也和你们一样，对这项法案是否正确持怀疑态度，我就是在这种态度下来签署该法案的。"

由于富兰克林的这番话，反对派的激动和不信任态度终于平静下来。一般人要化解对方的不信任感，往往会以强硬的口气说，"请你相信我的话"，或者说"没有那回事"，结果反而使对方的不信任感更加强烈。因为这样就像是要将对方的不信任全面否定，只保留自己单方面的主张。这也是一种正面的攻击，这样做是不会产生任何效果的。

对于一件事情，如果光是强调好的一面，那么对方对于其所说的话，就会存在不信任的潜在心理。如果为了要让对方相信自己，除去他的不信任感，而一再强调自己的优点，这样反而缺乏说服力。还不如先给对方一些不利于己的消息，使对方觉得你还蛮老实的，这样他就会产生想听你继续说的意愿，这时，你可以附带地为自己说些好话，在不知不觉中，对方就会顺利地接受你的诱导。

富兰克林就是利用了这个技巧，先说一些对自己不利的话，使对方反而对自己产生信任感。

人们普遍有这样一种心理。如果讲得天花乱坠，反而会使人产生怀疑而提高警惕。

桑先生就曾经陷入了这样一个圈套。诈骗者在劝说桑先生集资入股时，说了这样一些话："你如果投资 20 万元入股，在年底要分红 20 万元估计是不可能的，但是，分红 10 万元是肯定不成问题的。"就是这么一句话，取得了桑先生的信任，使一开始还犹豫不决的他开给骗子一张 20 万元的支票。

骗术大功告成的决定性语言就是"在年底要分红 20 万元估计是不可能的"这句话。骗子巧妙地将负面信息融入了谈话，给予对方安心感。如果骗子说的都是"好事"，估计任何人都不会轻易地相信他。

第六章

沟通有方法，
说服有技巧

万事开头难，方法技巧很重要。要想拥有任何场合说服任何人的说服力，也是要有一定技巧的。当有歹徒行凶，你运用巧妙的说服技巧，使他放下屠刀；孩子不愿写作业，有逆反心理，你巧妙地说服，孩子便高高兴兴地去写作业了……找到说服对方的关键性理由；步步为营，巧妙说服；抓住关键，一语中的……沟通有方法，说服有技巧。

找到说服对方的关键性理由

说服是生活中常见的一种口才艺术，人生在世经历不一、性格不一、学识不一、专业不一，与之相对应的心态、兴趣、做事、为人当然也不一样。

"一千个读者心中有一千个哈姆雷特。"一方面说明莎氏戏剧中哈姆雷特这个艺术形象的复杂性，另一方面也说明人和人之间的巨大不同。因此，"说服"自古以来都在人们交往中扮演着重要的角色，孔子周游列国说之于礼，苏秦和张仪连横合纵于七国之间，留下了许多千古佳话。

说服成为我们建立和谐人际关系的关键。说服是一门艺术，更是一个人综合素质的具体体现，比如一些权威言论或经实践证明的真知灼见，人们自然不说自服，而在日常生活中要想因某事而说服某人，就必须掌握一些说服的技巧和法则，以提高说服的效率。

俗话说，"知己知彼，百战百胜"，要想在最快的时间内寻找到说服别人的最佳突破点，可以试着从以下几种方法着手。

1. 了解对方的性格

不同性格的人，接受他人意见的方式和敏感程度是不一样的。如是性格急躁的人，还是性格稳重的人；是自负又胸无点墨的人，还是有真才实学又很谦虚的人。了解了对方的性格，就可以按照他的性格特征，有针对性地说服他了。

2. 了解对方的长处

一个人的长处就是他最熟悉、最了解、最易理解的领域。如有人对部队生活比较熟悉，有人对农村生活比较熟悉，有人擅长于文艺，有人擅长于体育，有人擅长交际，有人擅长计算等。

在说服人的时候，要从对方的长处入手。第一，能和他谈到一起去。第二，在他所擅长的领域里，谈论起来他容易理解，因此容易说服他。第三，能将他的长处作为说服他的一个有利条件，如一个伶牙俐齿、善于交际的人，在分配他做推销工作时可以说："你在这方面比别人具有难得的才能，这是发挥你潜在能力的一个最好机会。"这样谈既有理有据，又能表现领导者对他的信任，还能引起他对新工作的兴趣。

3. 了解对方的兴趣

有人喜欢绘画，有人喜欢音乐，有人喜欢读书，还有人喜欢下棋、养鸟、集邮、书法、写作等，人人都喜欢从事和谈论其最感兴趣的事物。从这里入手，打开他的"话匣子"，再对他进行说服，便较容易达到说服的目的。

4. 了解对方的想法

一个人坚持一种想法，绝不是偶然的，他必定有自己的理由，而且他讲的道理一般都符合他自己的利益或人之常情。但这常常不是他想要坚持的，只是不愿承认，难于启齿。如果说服者能真正了解他的"苦衷"，就能有针对性地加以解决。

5. 了解对方的情绪

一般来说，影响对方情绪的因素有以下几方面：一是谈话前对方因其他事所造成的心绪仍在起作用；二是谈话当时对方的注意力还未集中起来；三是对说服者的看法和态度。因此，说服者在开始说服之前，要设法了解他当时的思想动态和情绪，这对说服的成败，至关重要。

凡此种种，你都要悉心研究，才能够有针对性地采取有效的说服方式。另外，了解对方是有许多学问的。许多人不能说服别人，就是因为他不仔细研究对方，不研究该用怎样的表达方式，就急忙下结论，还以为"一眼看穿了别人"。这就像那些粗心的医生，对病人病情不了解就开了药方，当然不会有好的效果。

说服三大原则

1. 贵在坚持

日本理研光学公司董事长市村清先生，想说服 W 先生购买新发明的阳画感光纸，但他听说 W 先生对这类新技术、新发明一向不感兴趣。

市村清先生细心观察，讲话很有礼貌，向他解说蓝色晒图应如何改变阳画感光纸，一次、两次……六次、七次，一再拜访。有一天，W 先生不耐烦了，破口大骂："我说不行就是不行，要讲几次你才理解？以后，不要再与我们制图师接触了。"

他生气了，证明他已经开始在意你的行为了，这是有希望的事情。既然已经生气，让他情绪稳定下来就太可惜了。如此，市村清第二日清晨又去了。

"昨天跟你讲过，怎么你又来啦？"

"喔？昨天很难得挨骂，所以我又来了。"市村清先生微笑着回答，"打扰你了，再见！"W 先生一下子呆住了，而市村清先生认为已经有了反应，达到了一定效果，所以暂时以退为进。

第三天一早他又去了，"早安！"四目相接触，W 先生终于被市村清说服了。

2. 让事实说话

当一种观念进入心底很长时间时，有时外人用话语的确难以改变它。此时，可用事实这种最有力的武器来说服他。

1961 年 6 月 10 日，周总理接见溥杰的夫人嵯峨浩时，了解到嵯峨浩的顾虑。嵯峨浩刚到中国，因为是日本人，又是伪满皇帝的弟媳，担心受到歧视。为了打消嵯峨浩的顾虑，周总理请三个人作陪，一位是老舍夫人，一位是京剧名旦程砚秋的夫人，还有一位是照顾总理夫妇的护士。为什么请这三人？因为她们都是满族人。总理先介绍三位陪客，然后讲了我们党的政策，讲中国各族人民都有平等的地位，不会受到歧视。如果没有三位满族人在场，以事实作证，嵯峨浩未必会相信总理，未必会去除偏见，打消顾虑。

改变一个人对一件事的偏见，就要找到与他观念相悖的事实，自然而然地引进这个事实，并在时机成熟时阐述它，发挥它，使之真正成为你的有力论据。若要改变一个人对另一个人的偏见常常要难得多。但用同样的方法也可以做到，只不过需要更长的时间，更多的坚持，也即积累更多的事实。让事实说话，让说话的声音更有力。

3. 活用数据

我们生活在数字的世界里，每天所见、所闻与所思的一切，几乎没有不涉及数字的。因此，我们也许对数字或多或少地产生麻木或厌烦的感觉。其实，这样的感觉是很自然的，因为数字只是代表事实的一种符号，而非事实本身。在说服他人时运用数字，要留意下面两个要领。

（1）除非必要，否则不要随便提出数字。你抛出的数字过多，不但会令对方感到纳闷而关闭心扉，而且也会令听众觉得你没人情味，因为你所关心的只是冷漠的数字。

（2）要设法为枯燥的数字注入生命，也就是说，要让数字所代表的事实，能成为一般人生活经验中的一部分。只有这样，人们对数字才感到亲切，也才能产生兴趣。举例来说，下面的第一种数字陈述方式若能改为第二种陈述方式则其影响力将显著加大。

A："假如各位接纳我的提议，则公司每个月至少能节省 67453750 元开支。"

B："假如各位接纳我的提议，则公司每个月至少能节省 67453750 元开支。从另一个角度来说，倘若这项节省下来的开支，能以加薪的方式平均分配给公司的每一位成员，则每人每月的工资将增加 3500 元。"

步步为营，巧妙说服

有一天，卡耐基突然同时接到两家研习机构的演讲邀请函，一时之间，他无法决定接受哪家邀请。但在分别与两位负责人洽谈过后，他选择了后者。

在电话中，第一家机构的邀请者是这样说的："请卡耐基先生不吝赐教，为本公司传授说话的技巧给中小企业管理者。由于我不太清楚您所讲演的内容，就请您自行斟酌吧。人数估计不超过 100 人……万事拜托了！"

卡耐基认为，这位邀请者说话时平淡无力，缺乏热忱。给人的感觉，便是一副为工作而工作的态度，让人感受不到丝毫的热情，也给他留下相当不好的印象。

此外，对方既没明确地提示卡耐基应该做什么、要做到什么程度，也没有清楚交代听讲人数，让他如何决定演讲内容呢！对此，卡耐基自然没有什么好感。

而另一家机构的邀请者则是这样说的："恳请卡耐基先生不吝赐教，传授一些增强中小企业管理者说话技巧的诀窍。与会的对象都是拥有 50 名左右员工的企业管理者，预定听讲人数为 70 人。因为深深体悟到心意相通的时代离我们越来越远，部属看上司脸色办事的传统陋习早已行不通。因此，此次恳请先生莅临演讲的主要目的，是希望让所有与会研习者明白，不用语言清楚地表达出自己想法的人，就无法成为优秀的管理人才。希望演说时间控制在两个小时左右，内容锁定在：学习说话技巧的必要性；掌握说话技巧的好处；说话技巧的学习方法这三方面，希望能带给大家一次别开生面的演讲。万事拜托了！"

卡耐基明显感觉到这家机构的邀请者明快干练、信心十足，完全将他的热情毫无保留地传达给了自己。更重要的是，对方在他还没有提出问题的情况下就解答了所有的疑问。因此，在卡耐基的脑海里立刻浮现出自己置身讲台的情景，并很快就能够想象出参加者的表情，以及自己该讲述的内容等。显然，这种邀请方式很能带给受邀者好感。

显然说服别人是需要一定技巧的。其中最重要的是依循一定的步骤。像行军打仗一样步步为营，才能稳中求胜，也易形成排山倒海的气势。

1. 吸引对方的注意和兴趣

为了让对方同意自己的观点，务必要吸引劝说对方将注意力集中到自己设定的话题上。利用"这样的事，你觉得怎样？这对你来说，是绝对有用的……"之类的话转移他的注意力，让他愿意并且有兴趣往下听。

2. 明确表达自己的思想

明白、清楚的表达能力是成功说服的首要要素。对方能否轻轻松松倾听你的想法与计划，取决于你如何巧妙运用你的语言技巧。

准确、具体地说明你想表达的话题。比如"如此一来不是就大有改善了吗？"之类的话，更进一步深入话题，好让对方能够充分理解。为了让你的描述更加生动，少不了要引用一些比喻、实例来加深听者的印象。适当引用比喻和实例能使人产生具体的印象；能让抽象晦涩的道理变得简单易懂；甚至使你的主题变成更明确或为人熟知的事物。如此一来，就能够顺利地让对方在脑海里产生鲜明的印象。说话速度的快慢、声音的大小、语调的高低、停顿的长短、口齿的清晰度等都不能忽视。

除了语言外，你同时也必须以适当的表情、肢体语言来辅助。

3. 动之以情

说服前只有准确地揣摩出对方的心理，才能够打动人心。通过你说服对方的内容，了解对方对此话题究竟是否喜好、是否满足，再顺势动之以情或诱之以利，告诉他"倘若照我说的去做，绝对省时省钱，美观大方，又有销路……"不断刺激他的欲望，直到他跃跃欲试为止。

如他在想什么，他惯用的行为模式为何？现在他想要做什么等。一般而言，人的思维和行动都是由意识控制，即使他人和外界如何地建议或强迫，也不见得能使其改变。因此，想要以口才服人的人，必须意识到说服的主角不是自己而是对方。也就是说，说服的目的，是借对方之力为己服务，而非压倒对方，因此，一定要从情感深处征服对方。

4. 提示具体做法

在前面的准备工作做好之后，就可以告诉对方该如何付诸行动了。你必须让对方明了他应该做什么、做到何种程度最好等。到了这一步，对方往往就会很痛快地按照你说的去做。

点滴渗透，逐渐攻克

有这样一个故事：

有一个独自穿过一片荒山野岭的男人，他已经没有食物和水了，身上只有一把防身的枪，由于长时间地行走，再加上没有喝过水吃过东西，他感到又困又饿，但是没有办法，他不能停下来，因为一旦停下来休息，他害怕自己再也醒不过来了。就这样走着走着，他终于看到了一户人家，但是这家的主人会让他进去休息吗？说不定屋主会觉得他是一个坏人，他心想，拿着枪指着屋主，他就不敢不让我进去了，说不定还会给我吃的。但是他很快打消了这个念头。他轻轻地敲着门，打开门的是一位老汉，打开门之后男人就把自己的遭遇给这位老人说了，最后这个可怜的男人说："我能用我的枪换一些粮食吗？"老人看他不是什么坏人，就让他进屋了，给了他吃的，男人吃过东西，休息好就开始上路了，男人走的时候老人把枪还给了他，还给了他一些食物，之后又告诉他应该怎么走出这荒山野岭。

在生活中，很多时候你想去说服人家，理由也很充分，但是别人就是不答应，主要是别人感到自己受到了威胁，如果答应了你就是害怕了你、这个时候你如果吧有选择权的"枪"交给他，就会少遇到一些阻力。

在劝说别人的时候，不要总是说怎么怎么好，还要说一下对他的好处，能站在他的角度思考。但是也不能一直强调他得到的利益，你一直不说自己的利益，他就会觉得天下哪有这么好的事情呢，会觉得你在骗他。因此，在说服别人的时候尽最大地可能说说双赢，甚至多赢的话。

可见，攻心是说服的关键。具体表现在以下几方面。

1. 了解对方的想法

想要让对方同意你的意见，第一点就是要设法先了解对方的想法与凭据来源。曾经有一位很优秀的管理者说："假如客户很会说话，那么我就有希望成功地说服对方，因对方已讲了七成话，而我们只要说三成话就够了！"事实上，我们大多数人为了要说服对方，就精神十足地拼命说，说完了七成，只留下三成让客户"反驳"。这样如何能顺利圆满地说服对方？因此，应尽量将原来说话的立场改变成听话的角色，去了解对方的想法、意见，以及其想法的来源或凭据，这才是最重要的。

2. 接受对方的想法，同时也让对方接受你

如果对方反对你的新提议，是因为他仍对自己原来的想法保持不舍的态度，且他的看法尚有可取之处，那么此时最好的办法，就是先接受他的

想法，站在对方的立场想问题，最好能说出对方想讲的话。就像上述故事中第二位推销员那样做。为什么要这样做呢？因为当一个人的想法遭到别人一无是处的否决时，极可能为了维持尊严或咽不下这口气，反而变得更倔强地坚持己见，排斥反对者的新建议。若是说服别人沦落到这地步，成功的希望就不大了。

至于令对方感到不安或忧虑的一些问题，要事先想好解决之法，以及说明的方法，一旦对方提出问题，可以马上说明。如果你的准备不够充分，讲话时模棱两可，就会令人感到不安。所以，你应事先预想一个引起对方可能考虑的问题，此外，还应准备充分的资料，为客户提供方便，这是相当重要的。

3. 明确说服的内容

有时，虽然满腹的计划，但在向对方说明时，如果对方无法完全了解其内容，他可能马上加以否定。另外还有一种情形，对方不知我们说什么，却已先采取拒绝的态度，摆出一副不会被说服的模样；或者眼光短窄，不愿倾听。如果遇到以上几种情形，一定要耐心地一项项按顺序加以说明。务求对方了解我们的真心实意，这是说服此种人要先解决的问题。对不能完全了解我们说服的内容者，千万不可意气用事，必须把自己新建议中的重要性及其优点，一下打入他的心中，让他确实明白。举一个例子加以说明，假如你说服别人，第一次不被接受时，千万不可意气用事地说："说了也是白说！"

先让其明白自己想法，再将其说服

人世间的事情，难在说服，说服最重要的是在心理。在现实生活中，谁能够够在最短的时间内用合理的方法打动对方的内心，用自己的语言去控制对方，谁就有非凡的影响力。在生活中，我们随时都有可能要去说服别人，如果不掌握说服的一些技巧，是很难达到说服的目的的。

有一个小姑娘，她很开朗，但是自从她上了高中以后，她就变了好多，她开始胡思乱想，愁眉不展。有一次放暑假，她跟自己的姐姐聊天的时候说，她不想读高中了，她想上中专，找一个比较严格的学校，在这样的学校里才能学进去。现在她在这个学校里面什么都学不好，她只想玩，就算在上课的时候，一点学习的心思也没有，于是她就问这个姐姐怎么办。

这个姐姐听完她所说地事情，就跟她说："如果你的心态改变了，你才会想学习，不管是在什么样的情况下，你都能学进去，你想换个环境只不过是你想要离开学校的借口，并不是你换了环境之后，就一定能学进去，学习这个事情，关键在于你的心态，你心里的想法并不一定是你对我说的这个想法，你如果真的明白自己心里想什么，真的想学习了，再换个学校也行。换个比较严的学校，如果你还有现在这个想法，你也不一定能学进去，所以说，主要是你心里想的什么。你现在的年龄还小，一个人出去上学，家里会很担心的。你想去外面上学，等到大学也不晚。"这个小女孩回家之后，就开始认真想了姐姐对自己说的话，她明白了自己怎么想的之后，开始好好学习了。

这个姐姐的成功之处在于，让这个妹妹知道了自己的真实想法，让她知道自己想的是什么，不为自己的事情找借口，不去从外界的环境找原因，因为不管发生什么事情，一般事情地原因都在自己身上，外界的影响都是客观的因素，自己才是主观地因素。

迂回战术消除对方的戒备心理

在与陌生人打交道的时候，双方都会存在一定的戒备心理，这种心理状态会影响双方自如地交往。所以，消除戒备状态、让人放松是首先要解决的问题。当交往对象持有顽固的见解时，直来直去地阐述自己的观点往往会碰壁，遇到这种情况最好采取"迂回战术"。

所谓的迂回战术，就是把对方的注意力从他敏感的问题上引开，绕个弯子，再回到正题上来，这样可以消除对方的戒心，避免陷入僵局。

在西方，有这样一个习俗，男子戴帽，入室必须摘下；而妇女的大檐帽，在室内可以不用摘。在某电影院，经常有戴帽的女观众，按照习俗妇女戴帽也可以，但是会挡住坐在后面的人的视线，因此，坐在后面的人十分反感。有一次，有个人便向经理提意见，请他发个通告，电影院中禁止戴帽子。让人没想到的是经理却说："禁止欠妥，只有提倡戴帽可行。"这个提意见的人很是失望。

第二天，在影片放映前，银幕上果然出现了一则通告："本院为了照顾岁数大的女顾客，允许她们照常戴帽，可以不用摘下。"通告一出，电影院中，所有戴帽的女性"唰"一声全部摘下，无一例外。

很奇怪吧，这是为什么呢，因为西方妇女崇尚年轻，虽然年近花甲、人老珠黄，还自命年轻貌美，不肯承认自己岁数大。

影院经理所采用的便是迂回战术，他表面是提倡戴帽，但实际上却是在禁止。影院经理不费一点唇舌，竟达到了说服的目的，令人赞叹不已。

卡耐基曾经告诫人们："与人交谈，要让对方接受自己的观点，不要先讨论双方不一致的问题，而要先强调，并且反复强调你们一致的事情。让对方一开始就说'是''对的'，而不要让对方一开始就说'不'。"

心理学研究发现，当人们说出"不"字的时候，他的整个肌体包括肉体和精神，都处于一种明显的收缩状态，这种状态往往会使他拒绝任何人的意见。同时，当"不"字说出来以后，人们就不愿意再悔改。哪怕他明显地意识到自己出现了错误，也会找出种种理由为自己辩解，甚至会贬损对方的观点，这就是某种自尊心作祟。

明白了这个道理，在劝说对方的时候就尽量不要让对方把"不"字说出来，或让他暂时忘记自己的观点。要尽可能地让对方说"是"，这时候他是放松的，比较容易接受他人的意见，至少不会轻易地反对，而会先权衡。而且一旦"是"字说出口，他也不会再轻易地否定了。所以要利用这种心理学效应让对方接受你的意见。

曲径通幽，成功说服

我们在说服别人的过程中，若既不能速战速决迅速找到最佳突破点，又无法正面与其交锋打消耗战，那么不妨绕绕弯，曲线救国、曲径通幽。

清朝著名才子纪晓岚很善于驾驭言语，一次，乾隆皇帝想开个玩笑考验纪晓岚的辩才，便问纪晓岚："纪卿，'忠孝'二字作何解释？"

纪晓岚答道："君要臣死，臣不得不死，是为忠；父要子亡，子不得不亡，是为孝。"

乾隆立刻说："那好，朕要你现在就去死。"

纪晓岚："臣领旨！"

乾隆："你打算怎么个死法？"

纪晓岚："跳河。"

乾隆：“好吧！”

乾隆当然知道纪晓岚不可能去死，于是静观其变。不一会儿，纪晓岚回到乾隆跟前，乾隆笑道：“纪卿何以未死？”

“我碰到屈原了，他不让我死。”纪晓岚回答。

“此话怎讲？”乾隆疑问道。

“我去到河边，正要往下跳时，屈原从水里向我走来，他说：‘晓岚，你此举大错矣！想当年楚王昏庸，我才不得不死；可如今皇上如此圣明，你为什么要死呢？你应该回去先问问皇上是不是昏君，如果皇上说他跟当年的楚王一样是个昏君，你再死也不迟啊！’”

乾隆听后，放声大笑，连连称赞道：“好一个如簧之舌，真不愧为当今的雄辩之才。”

纪晓岚巧用“迂回出击”的技巧，在毫不损害乾隆面子的情况下，点出他的无理之处，一举令他折服。很显然，乾隆是根据纪晓岚提出的“君要臣死，臣不得不死，是为忠”之论叫他去死，此令顺理成章。纪晓岚临阵进退皆无道理，只有迂回出击，方能主动创造契机，指出如果皇上承认自己是昏君，他就去死。乾隆当然不可能承认自己是昏君，故纪晓岚很自然地也就把自己从“死”中解脱出来，为自己找到了一个充分的不死理由。

公元前 265 年，赵国的赵太后刚执政不久，秦国便发兵前来进攻。赵国求救于齐国。齐国提出必须以赵太后的小儿子长安君作为人质，才肯发兵相救。但是赵太后舍不得小儿子，坚决不允。赵国危急，群臣纷纷进谏。赵太后依旧坚决地说："从今日起，有谁再提用长安君当人质，我就往他脸上吐唾沫。"大臣们便不敢再多说什么。

有一天，左师触龙要面见赵太后，赵太后认为触龙一定是为了劝谏此事而来，于是她便摆开了吐唾沫的架势。不想触龙慢条斯理地走上前，见了太后，关心地说："老臣的脚有毛病，行走不便，因此好久未能来见太后，我担心太后的玉体违和，今天特地来看望。最近太后过得如何？饭量没有减少吧？"

太后答道："我每天都吃粥。"触龙又说："我近来食欲不振，但我每天坚持散步，饭量才有所增加，身体才渐渐好转。"

赵太后听触龙不提人质的事，怒气也渐渐消了。两人于是亲切、融洽地聊了起来。聊着聊着，触龙向赵太后请求道："我的小儿子叫舒祺，最不成才，可是我偏偏最疼爱这个小儿子，恳求太后允许他到宫中当一名卫士。"

太后赶紧问触龙："他几岁了？"

触龙答："十五岁。他年岁虽小，可是我想趁我在世时，赶紧将他托付给您。"

赵太后听到触龙这些爱怜小儿子的话，深有同感，便忍不住与他闲谈。

太后说："真想不到你们男人也疼爱小儿子呀！"

触龙说："恐怕比你们女人更爱小儿子。"

触龙见时机已到，于是把话题深入一步，说：

"老臣认为太后爱小儿子爱得不够，远不如太后爱女儿那样深。"太后不同意触龙的这个说法。

触龙解释道："父母爱孩子，必须为孩子作长远的打算。想当初，太后送女儿远嫁燕国时，虽然为她的远离而伤心，可是又祈祷她不要有返国的一日，希望她的子子孙孙相继在燕中为王。太后为她想得这样长远，这才是真正的爱。"

太后信服地点了点头。触龙接着说："太后如今虽然赐给长安君许多土地、珠宝，但若不使他有功于赵国，太后百年之后，长安君能自立吗？所以我说，太后对长安君不是真正的爱护。"

触龙这番话说得赵太后心服口服，同意给长安君准备车马、礼物，送他去齐国当人质，并催促齐国出兵。而齐国也很快就出兵解了赵国之围。

触龙说服赵太后的方法，便是运用曲径通幽、以迂为直策略的典范。英国军事家哈利也曾说过："在战略上，漫长的迂回道路，常常是达到目的的最短途径。"

最关键的理由要反复强调

理由是说服人的关键，也是根本，因此我们在说服别人的过程中最具说服力的方法，就是强调最大最关键的理由。

拿破仑·希尔曾应邀向俄亥俄州立监狱的服刑人发表演说。他一站上讲台，立刻看到眼前的听众之中有一位是他在十年前就已认识的朋友——D先生，D先生此前是一位成功的商人。

拿破仑演讲完毕后，和D先生见了面，谈了谈，发现他是因为伪造文书而被判20年徒刑。听完他的故事，拿破仑说："我要在60天内，使你离开这里。"

D先生脸上露出苦笑，回答说："希尔，我很佩服你的精神，但对你的判断力却深感怀疑。你可知道，至少已有20位具有影响力的人士曾经运用他们所知的各种方法，想使我获得释放。但一直没有成功。这是办不到的事！"

大概就是因为他最后的那句话——"这是办不到的事"——向拿破仑提出了挑战，他决定向D先生证明，这是可以办到的。

拿破仑回到纽约市，请求他的妻子收拾好行李，准备在哥伦布市——俄亥俄州立监狱所在地——停留一段不确定的时间。

拿破仑的脑海中有一项"明确的目标"，这项目标就是要把D先生弄出俄亥俄州立监狱。他从来不曾怀疑能否使D先生获释。他和妻子来到哥伦布市，买了一处高级住宅，像要永久性住下去一样。

第二天，拿破仑前去拜访俄亥俄州州长，向他表明了此行的目的。

拿破仑是这样说的："州长先生，我这次是来请求你下令把D先生从俄亥俄州立监狱中释放出来。我有充分的理由，请求你释放他。我希望你立刻给他自由，为此我准备留在这儿，等待他获得释放，不管要等待多久。

在服刑的期间，D先生已经在俄亥俄州立监狱中推出一套函授课程，你当然也知道这件事：他已经影响了俄亥俄州立监狱中2518名囚犯中的1728人，他们都参加了这个函授课程。他已经设法请求获得足够的教科书及课程资料，而使得这些囚犯能够跟得上功课。难得的是，他这样做并未花费州政府一分钱。监狱的典狱长及管理员告诉我说，他一直很小心地遵守监狱的规定。当然了，一个能够促使1700多名囚犯努力学习的人，绝对不会是个坏家伙。我来此请求你释放D先生，因为我希望你能指派他担任一所监狱学校的校长，这将使得美国其余监狱的16万名囚犯获得向善学习的良好机会。我准备担负起他出狱后的全部责任。这就是我的要求，但是，在您给我回答之前，我希望您知道，我并不是不明白，如果您将他释放，而且，您又决定竞选连任的话，这可能会使您失去很多选票。"

俄亥俄州州长维克·杜纳海先生紧握住拳头，宽广的下巴显示出坚定的毅力。他说："如果这就是你对D先生的请求，我将把他释放，即使这样做会使我损失5000张选票，也在所不惜……"

这项说服工作就此轻易完成了，而整个过程费时竟然不超过5分钟。

三天以后，州长签署了赦免状，D先生走出监狱的大铁门，他再度恢复了自由之身。

拿破仑之所以能够成功地说服州长，和他的周密考虑和精心安排是分不开的。拿破仑事前了解到，D先生在狱中的行为良好，为1728名囚犯提供了良好的服务。当他创办了世界上第一所监狱函授学校时，他同时也为自己打造了一把打开监狱大门的钥匙。既然如此，那么，其他请求保释D先生的那些大人物，为何无法成功地使D先生获得释放呢？他们之所以失败，主要是因为他们请求州长的理由不充足。他们请求州长赦免D先生时，所用的理由是，他的父母是大人物，或者是说他是大学毕业生，而且也不是什么坏人。他们未能提供给俄亥俄州州长充分的动机，使他能够觉得自己有充分的理由去签署赦免状。

拿破仑在见州长之前，先把所有的事实研究了一遍，并在想象中把自己当作是州长本人思考一遍，而且弄清楚了，如果自己真的是州长，什么样的说辞才最能打动州长。拿破仑是以全美国各监狱内的16万名男女囚犯的名义，请求释放D先生的。因为这些囚犯可以享受到D先生所创办的函授学校的利益。他绝口不提他有声名显赫的父母，也不提自己以前和他的友谊，更不提他是值得我们帮助的人。所有这些事情都可被用来作为请求保释他的最佳理由，但和下面这个更大、更有意义的理由比较起来，就显得没有太大的意义。这个更大、更有意义的理由是，他的获释将对另外的16万名囚犯有很大的帮助，因为他获释之后，将使这些囚犯享受到他所创办的这个函授学校的好处。因此，拿破仑靠着这个最大、最关键的理由获得了成功。

增强说服力的七个技巧

日本学者多湖辉《论表现》中提示了增强说服力的七个技巧如下。

1. 使用肯定语气表达无把握之事

或许你不止一次地把口袋里的钱送到街头占卜师的口袋里，一脸满足的诚意。这些金口铁嘴之类的先生常常用各种模棱两可的言辞来解释人们的命运，但他在每段的尾句都表达极肯定的意思。他们永远都不会说"你也许会这样"，因为这样只会使他的钞票一天天减少。他们总是断言"一定会这样"。正是利用了这种肯定形式尾句的心理暗示效果，才使得他们财源广进。

这种暗示效果也是催眠术中常用的诱导技巧。催眠时，用肯定的尾句向接受催眠者讲话，如"手抬起来！""一定要把手抬上来！""手触头，不能拿开！"等。如对方像个听话的孩子按你的明确指令进行，效果将不会令你失望。你若说类似"你愿意，把手抬上来吧！"这样暧昧语言，将与失败结下不解之缘。

在松下电器公司飞速发展时期，总经理松下幸之助曾定出一个令人咋舌的营业额，一些人认为这种做法缺乏深思熟虑，而结果却是如期完成。其中奥妙在于他讲话的方法，他常常强调"营业额一定要增长 ××%"。在筹借资金时，他也以强硬的态度充满自信地说道："一定要给松下公司投资 ×××× 美元。"这些坚定自信的语句赢得了斤斤计较的银行家们的好感，而使松下公司大获成功。

2."三"是个能增强说服力的数字

人们对于"三"这个数字有着奇特的心理感应，因为它有说服力！

某些地方的人们喜欢以"数到三"来迫使别人服从他们的意志，他们觉得"一"过于仓促，"二"不够显示他们还有仁慈之心，只有"三"才使人感到稳妥。

很多讲话具有强烈说服力的人，不知不觉中都利用了这种心理。濑岛龙三的一些举动或许可以证明这一点（濑岛龙三在第二次世界大战时曾出任日本军事高级参谋，战后从西伯利亚退役，进入伊藤忠商事会社，后任该社副社长）。与他交往过的人在回忆与他共事的日子时，都不能不为他具有说服力的言谈所折服。无论谈什么问题，他都会把内容紧紧扣在"三"这个数字上，"关于那个问题，可以有三种解释""问题有三个"等。人们对这些语言的评价是：思路清晰，容易理解，易于接受。

3.为使你的话具有说服力，请适量运用谚语和名言

当然，在这个成见颇深的世界上，有时候一些独到的见解被无知的人们故意蔑视，这是使人有怀才不遇之感的重要因素。

心理学上有一个名词叫"感觉暗示"，用以解释某位专家和艺人所说的话易于被人认可的现象。为了使自己的话语具有说服力，可以利用这种暗示，引用一些名言、谚语来辅助自己的见解。由于人们深信这些名言和谚语是亘古不变的真理，往往轻易地就被说服了。但切忌过多引用，否则

无非为世界上多添一只鹦鹉而已。

4. 应强调自己的见解

许多人在演讲时，常常运用过多的名人名言，使人感到他缺乏见解。我观看过一次有关时事问题的辩论赛，给我的感觉是除了少数几个人以外，其他人无非是一群热情十足的扬声器，他们引用了大量报纸、杂志对此事的评述，企图增强自己的说服力，但给人的感觉是：陈词滥调，有损听觉。而一个眼睛小而目光锐利的小伙子给我印象颇深，他反复运用"我是这样看的""我认为"等语句发表一些独到见解，让人耳目一新，这使人们不得不承认他是一个有头脑的家伙。

5. 使用带尾数的数据能提高你的可信度

如果合乎情理的话，在演说中经常引用一些你记住的带尾数的数据，会使对方觉得你精于某专业而产生强烈的信赖感。

这种"尾数效果"往往能发挥意想不到的作用。某市银行的总经理在他任分行经理时，曾经历过这样一件事：属下前来商量融通资金的问题，说是某制药公司老板希望借款 91 万元。这位分行经理对制药公司老板不借100 万元的整数感到不解。制药公司老板回答说："91 万元正好够用，不需要多借。"听了老板的说明，分行经理觉得他把尾数都核算出来的经营态度值得信任，当即批准借款申请。

6. 不要用连珠炮一般的语势

情绪激动的演讲者常常把打动人心的希望寄托在连珠炮一般的语势上，

他们如一串点燃的鞭炮疯狂地响个不停，这种热烈的场面或许会激动人心，但他们所说的内容不会给听众留下什么深刻的印象。

相反，放弃这种徒劳无功的演说方式，采用一种平易近人的语势来说相对较少但精彩动人的话，往往会被看作"有智慧""亲切"而备受欢迎。发表自己的见解时，嘴巴只是发出声音的机器而已，有时并不需要冗长的述说。如果一味追求说话的速度，演说就会成为"扬声器评比会"。

一般来说，流畅而平静的语言更能打动人心。

7. 幽默的语言

你所面对的人群并不缺乏幽默感，无须用一些平淡无味的语言来取得他们的同感。如果你一定要这样做，我们不会反对，但台下的听众会把你赶下台。

幽默的语言往往使演讲富有活力而魅力十足，丘吉尔在这方面是一位杰出的代表人物。我们不如引用他最沉痛的一次演说中所讲过的话来说明这一点。第二次世界大战结束以后丘吉尔被赶下了台，他在离职演说中讲道："非常感谢这些恩将仇报的人民对我的爱戴，我竭尽全力为他们付出我的一切时，他们终于如愿以偿，而我却没有。"这位战功显赫的功臣没有被选上首相，但被选入世界十大杰出演说家之列。

说利害，动人心

人们最关心的往往是与自己有关的一些利益，因为人们毕竟生活在一个很现实的社会里，虽不能说"人为财死，鸟为食亡"，但人要生存，就离不开各种与自己有关的利益。所以，当你想要劝说某人时，应当告诉他这样做对他有什么好处，不这样做则会带来什么样的不利后果，相信他不会不为所动。

球王贝利，人称"黑珍珠"，是人类足球史上享有盛誉的天才。在很小的时候，他就显示出了足球的天赋，并且取得了不俗的成绩。

有一次，小贝利参加了一场激烈的足球比赛。赛后，伙伴们都精疲力竭，有几位小球员点上了香烟，说是能解除疲劳。小贝利见状，也要了一支。他得意地抽着烟，看着淡淡的烟雾从嘴里喷出来，觉得自己很潇洒、很前卫。不巧的是，这一幕被前来看望他的父亲撞见。

晚上，贝利的父亲坐在椅子上问他："你今天抽烟了？"

"抽了。"小贝利红着脸，低下了头，准备接受父亲的训斥。

但是，父亲并没有那样做。他从椅子上站起来，在屋子里来回地走了好半天，这才开口说话："孩子，你踢球有几分天赋，如果你勤学苦练，将来或许会有点儿出息。但是，你应该明白足球运动的前提是你具有良好的身体素质。可今天你抽烟了。也许你会说，我只是第一次，我只抽了一根，以后不再抽了。但你应该明白，有了第一次便会有第二次、第三次……每次你都会想：仅仅一根，不会有什么关系的。但天长日久，你会渐渐上瘾，你的身体就会不如从前，而你最喜欢的足球可能因此渐渐地离你远去。"

父亲顿了顿，接着说："作为父亲，我有责任教育你向好的方向努力，也有责任制止你的不良行为。但是，是向好的方向努力，还是向坏的方向滑去，主要还是取决于你自己。"

说到这里，父亲问贝利："你是愿意在烟雾中损坏身体，还是愿意做个有出息的足球运动员呢？你已经懂事了，自己做出选择吧！"

说着，父亲从口袋里掏出一沓钞票，递给贝利，并说道："如果不愿做个有出息的运动员，执意要抽烟的话，这些钱就作为你抽烟的费用吧！"说完，父亲走了出去。小贝利望着父亲远去的背影，仔细回味着父亲那深沉而又恳切的话语，不由得掩面而泣，过了一会，他止住了哭，拿起钞票，来到父亲的面前。

"爸爸，我再也不抽烟了，我一定要做个有出息的运动员！"

从此，贝利训练更加刻苦。后来他终于成为一代球王。他的成功跟父亲的一番教导是分不开的。贝利此后一直不抽烟。

抓住关键，一语中的

那些善于操纵说服技巧的人不是与对方不停地周旋，而是抓住关键，一语中的。这一点如果发挥得淋漓尽致，是可以成大事的。请看一例：

有一次，汉初名相萧何请求汉高祖刘邦，将上林苑中的大片空地让给老百姓耕种。上林苑是一处皇帝游玩打猎的园林。刘邦一听萧丞相居然要缩减自己的园林，不禁勃然大怒，认为萧何一定是接受了老百姓的大量钱财，为他们说话办事的。于是萧何被捕入狱，同时被审查治罪。

当时的法官廷尉为讨好皇上，只要皇上认定某人有罪，廷尉不惜用大刑使犯人服罪。就在这紧要关头，旁边一位姓王的侍卫官上前劝告刘邦说："陛下是否还记得当年与项羽抗争以及后来铲除叛军的时候吗？那几年，皇上在外亲自带兵讨伐，只有丞相一个人驻守关中，关中的百姓非常拥戴丞相。假如丞相稍有利己之心，那么关中之地就不是陛下的了。您认为，丞相会在一个可谋大利而不谋的情况下，去贪百姓和商人的一点小利吗？"

简简单单几句话句句击中要害。刘邦深有感触，终于认识到自己的鲁莽，对不起丞相的一片诚心，感到非常惭愧，于是当天便下令赦免萧何。

汉代的另一位开国元勋周勃，曾经帮助汉室铲除吕后爪牙，迎立汉文帝，有定国安邦的大功。可后来当他罢相回到自己的封地后，一些素来忌恨周勃的奸伪小人便趁机向汉文帝诬告周勃图谋造反。汉文帝竟然也相信起来，急忙下令廷尉将周勃逮捕下狱，追查治罪。

按汉代当时的法律，凡是图谋造反者，不但本人要处死，而且要灭家诛九族。就在周勃大祸临头的时候，薄太后出来劝文帝说："皇上，周勃谋反的最佳时机是您未即位时而先皇留给你的皇帝玉玺在他手上，并且统帅主力部队北上的时候，但是他一心忠于汉室，帮助汉室消灭了企图篡权的吕氏势力，把玉玺交给了陛下。现在罢相回到自己的小封国里居住，怎么反而在此时想起谋反呢？"

听了这话，文帝所有的疑虑都没了，并立即下令赦免了周勃。可以想象，倘若没有人在此两人大难临头的时候站出来为他们辩白，讲明事实真相，分析入情入理，他们两人能免去大难吗？这就是抓住了语言的关键，一语中的，可见语言的威力是何其大！

避免单刀直入，要迂回说服

进行有效说服的一个较好的策略是采取迂回战术，不从正面人手。直接说服容易让对方产生抵触心理。所以，不妨从侧面打开缺口。

俄国伟大的十月革命刚刚胜利的时候，象征沙皇反动统治的皇宫被革命军队攻占了。当时，俄国的农民们打着火把叫嚷，要点燃这座举世闻名的建筑，将皇宫付之一炬，以解他们心中对沙皇的仇恨。一些有知识的革命工作人员出来劝说，但都无济于事。

列宁得知此消息后，立即赶到现场。面对那些义愤填膺的农民，列宁很恳切地说："农民兄弟们，皇宫是可以烧的。但在点燃它之前，我有几句话要说，你们看可不可以呢？"

农民们一听这话，便知列宁并不反对他们烧，于是答道："完全可以。"

列宁问："请问这座房子原来住的是谁？"

"是沙皇统治者。"农民们大声地回答。

列宁又问："那它又是谁修建起来的？"

农民们坚定地说："是我们人民群众。"

"那么，既然是我们人民修建的，现在就让我们的人民代表住，你们说，可不可以呀？"

农民们点点头。

列宁再问："那还烧吗？"

"不烧了！"农民们齐声答道。

皇宫终于保住了。

迁怒于物往往是情感质朴、思维简单化的人的发泄方式，这时关键在于疏导。面对激愤的群众，列宁五句循循善诱的问话，理清了群众的思路，保住了这座举世闻名的建筑。他采取的步骤是，首先理解和赞同群众的观点，这样可以争取到引导群众的时间和机会；其次，正本清源，使农民们懂得，皇宫原来是沙皇统治者居住的，但修建者却是人民群众，如今从沙皇手中夺过来回归人民群众，就应该让人民代表住，这个道理是可以服人的，因此农民们点头了。最后一问，是强化迂回诱导的结果，让群众明确表态"皇宫不烧了"，从而完全达到了目的。

在说服的过程中，不能只讲大道理，但并不是就可以不讲"理"，如果将道理讲得具体生动，引入思索，让他们觉得是这么个理儿，就能一步步循序渐进地将道理说明白。

采用迂回论证法往往是因为问题复杂或对方深怀敌意、居心不良，不便用一般手段对付。实践中，主要针对如下列情形：

对方提出问题明显，你不能如实答复，也不便直接否定，不妨借用对手的选择作出"迂回"的表象。

若对方的论证没有理性，使你难以接受其观点，不妨也非理性地提出对抗性的命题，对方必然要质疑，于是你就可以借他来求证，以反驳他原来的结论。

需要提醒的是，在使用"迂回论证"法时，切忌把反击简单地落在"乌鸦说猪黑""猪也说乌鸦不白"那样笨拙的反唇相讥上。

第七章

提高语言的魅力，
话中有情说服力强

　　人是情感动物，对感情尤为敏感。我们在说服别人时一定要注意语言所负载的信息，除了理性信息之外，还有情感信息。这种情感信息的内涵十分丰富，它的功能不仅是要诉诸人的理智，而且要打动人的情感。

说话诚挚自然，效果非凡

很多人都追求高调，希望能够得到别人的青睐和认同，甚至是希望得到别人的崇拜。不过，在实施的过程中，却往往走错了方向，他们觉得，想要让别人认同或者崇拜，就要有高调的言辞。于是，不管什么场合都夸夸其谈，不管走到哪里，都吹嘘自己。然而，这些人却不知道，他这么做不仅无法让自己得到别人的认同，反而会让别人讨厌他。

一个真正懂得用语言征服别人的人，他的话一定是朴实的。真正的讲话高手，从来都是用最普通、最简单的话来讲述最深刻、最高调的道理。只有这样，才能打动人心。

马云在人们的眼中一直都是一个高调的人，他事业有成，他野心勃勃，他有超凡脱俗的智慧和口才。但是，我们仔细观察马云的说话方式就能发现，他之所以能够用自己的话语感染别人，不在于言语多么高调，不在于时刻推销自己，而在于用最普通，但也最真挚的语言跟别人沟通。

当讲到"伟大"的时候，马云说："伟大和不伟大之间的区别是什么？一个伟大的人，对每个人来讲最痛苦的时候，大家都要死的时候，他再往前挺一步，人家倒下去，他还站在那儿。"

他没有用一大堆排比句来表述伟大，也没有说些空洞无味的话，只是做了一个简单的对比，但却给人一种力量感。这就是平实的力量。

伟大的言说者可能是过人的，有非凡智慧和成就的，但坐在下面的听众却都是普通人。因此，一个真正能成就自己的伟大的人，一定是用普通的语言打动普通听众的人。

他们的嘴里，有的是普通人最感兴趣的话题，讲述的是普通人最感兴趣的道理。下面是马云一次演讲中的一部分：

"抱怨一点用都没有，我觉得阿里巴巴能有今天，正是因为几年以前我们提出的一个口号。当时，我说得非常强硬：你别抱怨，如果你抱怨就拿出行动来，拿出方案来。因为谁都会抱怨，所以我们不需要抱怨。我越来越感受到阿里能有今天是因为我们的人感恩。我觉得自己怀有感恩之心的。我这一辈子是几世修来的福气才这么荣幸地和这么多人一起共事，我很荣幸生在这个时代。

我坚信这一点，阿里巴巴的成功和马云没有关系，不是我的功劳。我没有写过一行代码，没有做成一个销售客户，这些都是同事做的。但是，如果阿里巴巴做得不对，一定是我的错，因为我在关键的时候没有坚持原则，我没有坚持理想，那么下面的人就会放得更远。所以事实上成功可能跟我没关系，但是失败跟我是一定有关系的！中国电子商务做得不好跟阿里巴巴一定有关系，因为你已经拥有了70%的优秀的年轻人相信电子商务，但中国电子商务做得好跟阿里巴巴没有关系。所以，一切要以平常心来看待。

我们这辈子有机会面临这种灾难，有机会面临这种挑战，有机会碰到这样的竞争对手，有机会碰到这样那样可以抱怨的事已经是非常好了，因为可能其他人连机会都没有。"

由上面这两段话，可见马云是一个有着平常心的人，至少他在演讲中是一直在述说平常心的。正是这种平民的心境，才能得到普通听众的认可，才能打动台下普通人的心，也才有马云的受追捧。

因此，我们平时在跟人沟通的时候，一定要平实真诚，不要什么假大空的话，往往这些最朴实的语言，更能让我们走进对方的心里。总是讲述些大道理，反而给人一种空洞无味之感，让本来可以很有趣的谈话变成尴尬的不知所云的聚会。

讲述时要带有极具感染性的热诚

假如演讲人在介绍自己的观念时能更加富有感性，并把自己的热忱传递给听众，通常是不会引起对立看法的。所谓的"感染性的热忱"指的就是这一点，这种热忱会把一切否定和对立的观念搁置一边。假如你的目标是在说服听众，请记住，鼓励大家的情绪要比引发思考有用得多。情绪要比冷静的思维更具威力。要想把群众的情绪鼓动起来，演讲人必须把自己的热情传递给听众。无论他讲的是否虚构，无论他的内容是否东拼西凑，无论他的声音与手势是否运用得当，假如他讲得不够真诚，一切便都显得空洞而虚有其表。如果你想给听众留下一个好的印象，你必须先给他人留个好印象。你的精神会通过眼睛发出光芒，通过声音释放热情，也经由一举一动展现自己，与听众直接沟通。

每次你开口讲话，而且目的是要说服对方，则你的所有表现都会影响到对方的态度。假如你表现得不起劲，你的听众也不会起劲；假如你的态度随便或不够包容，你的听众也会如此。亨利·华德·比彻曾说过："假如教徒在听道的时候睡着了，只有一样事情可以做——给教堂管理员一根尖细的木棒，要他马上给传道人戳上一记。"

美国著名的人际关系大师卡耐基，曾应邀到哥伦比亚大学颁发一个演讲比赛的奖牌。当天包括卡耐基在内，共有三个裁判。参加比赛的大学生约有六七名，每个人都受过良好的训练，并且准备在当天好好表现一番。美中不足的是，他们的全副精力都用于去赢得那面奖牌，却忽略了真正去说服听众。

他们所选择的题目显然并非个人的兴趣，而是基于演讲技巧的发挥。因此一系列的谈话只不过是演讲艺术的操练而已。

只有一位来自祖鲁的王子是个例外。他演讲的题目是《非洲对现代文明的贡献》。他所讲的每个字都充满强烈的感情，而不仅仅是演讲技术的操练。他所讲的都是活生生的事实，完全出自内心的信念和热忱，他好像成了祖鲁人民的代表，在为自己的土地发言。由于他的智慧、高尚品格和善意，他向我们传达了那块土地上人民的希望，并祈求我们的了解。

最后，把奖牌颁发给了他。虽然他在演讲技巧上还不能跟其他两三个人相比，但他的谈话充满了真诚，燃烧着真实的火焰。同这一比，其他人的演讲都只不过像煤气炉微弱的火苗而已。

在进行说服演讲或者在沟通中要说服对方时，我们一定要带有极具感染性的热诚，因为你的语言、你的态度直接传递给听众。你热忱，听众就热忱；你冷淡，听众就冷淡。

用"忠告"来说服对方

人们对于理解、体谅自己的人提出的"忠告"往往会愉快地接受。

作为企业的领导，深感人事调动问题之棘手，虽然反复研究、权衡作出的决定，仍不免引起部分人的不快、怨恨。被降职者，自不待说，而有人尽管没有被贬职，却也由于别人的升迁，而产生自己地位下降的感觉，有人本来只是一般的调动，但也冒出被人轻视的念头。凡此种种，均令主管人事工作的干部头痛心烦。

某大企业有位人事主管，很有些处理人事调动问题的成功经验，即使是被降职使用的职员，他亦可以使其心情舒畅地接受调动。据他介绍，为做好降职职工的工作，应与之个别交谈，先给对方以时间，充分耐心地倾听对方的意见、想法，一直等到对方把心中的苦闷、牢骚全部倾吐，且已感到疲倦时，然后才说："我非常理解您的苦衷。"听上司这么一说，对方的情绪即可安定下来，然后继续说："假如我站在您的角度看，我将认为这是一次机会，去小一点的营业所工作，其好处是：一、人际关系好处理；二、可充分发挥一个人的才干。而且，不少人就是在小营业所干出了名堂，最后被提拔的。"这样一来，对方的被贬职、受轻视之感荡然无存，也就能高兴地接受新工作。

这种劝诫方式，可说是协调人事关系的高明技巧。为说服一个人，决不要下车伊始，大发宏论，而应将自己真实的想法按下不表，先聆听对方的意见，直到对方全部倒出心里话，发尽牢骚，然后再以理解对方的姿态来劝诫、建议。要使对方感到你体谅他，确在为他着想，最后，神不知，鬼不觉，就让对方轻松地接受了你的意见。

那些解决别人烦恼问题的专家们，总是在细心听完烦恼者的倾诉后，再以"如果我处于您的位置""假如我是您……"一类的话作为开头语，进而才提出自己的忠告。这就使对方产生"你真诚帮助我"的感觉，即使眼下的意见事实上于对方不利，对方亦难以觉察。

用感染力"俘获"人心

同样是说服沟通，同样是表述一个问题，有的人说出来感染力就很强，有的人说出来让听者感觉平淡无奇，不会引起半点情绪上的共鸣。有此差别，不在于不同场合的观众人员构成不同，而在于说话人采用了什么样的说话方式。

那些讲话感染力强的人，一定是比较自信、善于营造氛围的人，也就是"煽情"能力强的人。相反，则是"煽情"能力较弱或者没有这种能力的人。

很多人都觉得"煽情"是不好的，会给人一种虚假感。这是不对的。那种故意煽情，用自己的情绪给别人挖陷阱的行为当然不好，但真实地表达自己当时的情绪，将跟自己有强烈情绪共鸣的道理，用一种带有激情的方式表达出来，不仅不是泛滥的"煽情"，反而是自信的一种表现，更加有利于我们"俘获"人心。

世界最著名的演讲家之一，美国黑人领袖马丁·路德·金在林肯纪念堂前发表了《美国给黑人一张不兑现的期票》的演说，其高潮部分是这样的：

"回到密西西比去吧！回到阿拉巴马去吧！回到南卡罗来纳去吧！回到佐治亚去吧！回到路易斯安纳去吧！既然知道这种境况能够而且一定改

变，那就回到我们南方城市中的陋巷和贫民窟去吧！我们绝不可以陷入绝望的深渊中。

今天，我对大家说，我的朋友们，即使我们面临着今天和明天的各种艰难困苦，我仍然有个梦想，这是深深扎根于美国人梦想中的梦想。我梦想着，有那么一天，我们这个民族将会奋起反抗，并且一直坚持实现它的信条的真谛——'我们认为所有的人生来平等是不言自明的真理'。

我梦想着，有那么一天，甚至现在仍为不平等的灼热和压迫的高温所炙烤着的密西西比，也能变为自由与和平的绿洲。

我梦想着，有那么一天，我的四个孩子，能够生活在不以他们的肤色，而是以他们的品行来判断他们的价值的国度里。

我梦想着，有那么一天，就在邪恶的种族主义者仍然对黑人活动横加干涉的阿拉巴马州，就在其统治者抱不取消种族歧视政策的阿拉巴马州，黑人儿童将能够与白人儿童如兄弟姐妹一般携起手来。

我梦想着，有那么一天，沟壑填满，山岭削平，崎岖地带铲为平川，坎坷地段夷为平地，上帝的灵光大放光彩，芸芸众生共睹光华！

这就是我们的希望！这是我们返回南方时所怀的信念！怀着这个信念，我们能够把绝望的群山凿成希望的磐石。怀着这个信念，我们能够将我国种族不和的喧嚣变为一曲友爱的乐章。怀着这个信念，我们能够一同工作，一同祈祷，一同奋斗，一同入狱，一同为争取自由而斗争。坚信吧，总有一天我们会自由……"

在这段演讲中，马丁·路德·金用四段"我梦想着"领起的排比式表述，深情地、正面地、具体地表现了对自由的渴望，语势磅礴，一泻千里。他热切地期望种族歧视最严重的密西西比变成"自由与和平的绿洲"，希望自己的孩子在有高尚品德和卓越才能的情况下不因肤色不同而得不到公正对待，希望黑人儿童与白人儿童能像兄弟姐妹一样携起手来，和睦相处，由此甚至希望一切都变得公正平直，坦途通天。作为民权运动的领袖，他的这些话完全发自肺腑，道出了千百万黑人的心声，使得在场的听众有的呐喊，有的喝彩，有的悄然流泪，有的失声痛哭。话语之"情"，出于肺腑，方能入肺腑，达到以情动人的效果。

一个人，如果连自己都不相信自己，那么他必然会走向失败，只有自己给自己鼓劲，打起精神来，才能逐渐点燃激情，让自己焕然一新。

当然，光让自己激情起来是不够的，还要将这份激情传递出去，通过话语让自己的激情点燃别人，从而让他们跟我们一道去奋斗。这样的人，才能获得成功。

先让自己自信起来，之后获得激情，然后用自己的激情点燃别人，让自己的话语铿锵有力，这样必然能够受到别人的认可。

以情动人，巧用情感说服术

人是情感动物，对感情尤为敏感。我们在说服别人时，一定要注意，语言所负载的信息，除了理性信息之外，还有情感信息。这种情感信息的内涵十分丰富，它的功能不仅是要诉诸人的理智，而且要打动人的情感。

在说服过程中，话语所包含的情，会在传递观点、看法的同时产生语言魅力和感染作用，从而取得圆满的说服效果。有句谚语说："情自肺腑生，方能入肺腑。"列宁也认为："没有人的情感，就从来没有，也不可能有人对真理的追求……只有被感情支配的人才能使人相信他的情感是真实的，因为人们都具有同样的天然倾向，惟有最真实的生气或忧愁，才能激起人们的愤怒和忧郁。"这就是说，说话人的感情一定要受到发自内心的充沛情感的支配，才可能产生感染力、影响力和号召力。

林肯在当总统之前是一名律师。有一次，一位老妇人找到林肯，诉说了自己的不幸，请求他帮助。老人是独立战争时一位军人的遗孀。丈夫战死后，她就靠不多的抚恤金维持生活。这位烈士的遗孀照理应该受到好好照顾，但是负责管理抚恤金的出纳却欺侮她，在老人领取抚恤金时，要她交手续费，而手续费竟占去抚恤金的一半。

林肯听后很是气愤，他答应帮助老人起诉，维护老人的权益。

法庭开庭后，被告矢口抵赖，而老妇人一方又没有任何证据。林肯很清楚这次辩护的艰难，因为被告的勒索只是口头向老妇人提出的，既没证人，又没证物，在被告不承认的情况下，对原告一方十分不利。

轮到辩护人林肯发言了。

林肯没有去指责被告的不道德，而是面对听众，用那极富感染力的声调去描绘当年的独立战争。在说到那些爱国志士在冰天雪地中浴血奋战之时，他的嗓音哽咽了，眼里闪着泪花，把听众带到了对战争场景的回忆。很多人被他动情的语言所感染，有些人在暗暗地流泪。

这时，林肯说："现在这早已成了历史，一位1776年的英雄早已长眠于地下，可是他那衰老的遗孀却在我们的身边。可以想象，这位老人从前也是一位美丽的少女，曾经有过幸福的家庭。但她为战争付出了亲人，变得贫穷而无依无靠，只得向我们这些享受着先烈们争得自由的人们求助。朋友们，难道我们能熟视无睹吗？"

听众们被林肯的发言打动了，有的眼泪直流，有的表示要解囊相助，有的竟扑过去要撕扯被告。被告一时陷入了千夫所指的困境之中。在听众的一致要求下，法庭谴责了被告，并通过了保护烈士遗孀不被勒索的判决。

现代研究证实，人的言行是由感情决定的，情感的号召力往往比理性的号召力大。在日常生活中，需要说服的情形很多：无论是在失意或在反抗的时候，在需要金钱或支持的时候，为了让对方和你的想法同步，你常常要借助情感打动对方。

有个男孩想要求母亲为自己买一条牛仔裤，一个简单得不能再简单的要求。但是，男孩怕遭到拒绝，因为他已经有了一条牛仔裤，于是男孩采用了一种独特的方式。他没有像其他孩子那样苦苦哀求或撒泼要赖，而是一本正经地对母亲说："妈妈，你见没见过一个孩子，他只有一条牛仔裤？"

这颇为天真而又略带计谋的问话一下子打动了母亲。事后，这位母亲谈起这事说到了当时自己的感受："儿子的话让我觉得若不答应他的要求，简直有点对不起他，哪怕在自己身上少花点钱，也不能太委屈孩子了。"一个未成年的孩子，一句动情的话就说服了母亲，满足了自己的需要。

说服他人的语言要精炼

眼睛可以容纳一个美丽的世界，而嘴巴则能描绘一个精彩的世界。

法国大作家雨果说："语言就是力量。"一个人的好口才，可以让对方为之折服而赢得成功。在利用众多理由来说服人的过程中，一定要注意说话简洁，语言精炼，绝不能是一箩筐的废话。要注意抓住问题的关键点，最忌空话连篇，啰嗦重复，枝蔓芜杂，瞎聊乱侃，讲了半天，对方也听不出个所以然——这样只会害人害己，不但起不到应有的效果，反而损害了自身的形象。

古语云："言不在多，达意则灵。"语言是传递信息和交流思想的工具，思想工作的技巧和表现手法主要体现在语言的运用上。要语不繁，字字珠玑，简练有力，能使人不减兴味；冗词赘语，语绪唠叨，必令人生厌。因此，说服别人时，要"筛选""过滤"出最精辟的、恰如其分地表情达意的语句，尽可能以节俭的语言表达出深刻的内涵。这样才可能更快、更准地说服别人，取得说服的成功。

军营里曾有一部分战士认为自己当三年兵，为别人站三年岗，太亏了，工作上闹小情绪，影响了部队的稳定。为了解决战士这一思想认识上的偏差，指导员决定给全连上一堂政治教育课。他并没什么讲大道理，只在黑板上写下了一个简单的对比数字，70∶3。战士被吸引住了，竖起耳朵听指导员讲课。指导员这才解释说："如果我们每人平均活70岁，你为别人站三年岗，而别人要替你站67年的岗，70∶3，大家想想，谁亏呢？"

简单的数字一对比，道理不讲自明，从而消除了一部分战士"当兵吃亏"的消极认识。简洁明朗的语言，内容精辟，道理深刻，真可谓是：

百炼钢化为绕指柔。所以，高尔基也说："简洁的语言中有着最伟大的哲理。"

美国总统林肯口才并不好，说话结结巴巴，口齿不清，但他的一次国会演说却闻名于世。别人讲稿情文并茂，一说就是数十分钟，而林肯只说了五分钟，但他提出的"民有、民治、民享"的主张简单明了，铿锵有力，掷地有声，赢得如雷掌声。当天在国会演讲的政坛人物不只林肯一人，但听众都认为这篇讲稿诉求明确，赢得共鸣，也赢得美国人民的心，是说服力的经典之作。

生活中，常有人把说服力和伶牙利齿划上等号，也有人认为要说服别人，一定要长篇大论洋洋洒洒。其实，罗列理由是为了给对方一个被说服的更充分理由。我们重在以诚服人、以理服人、以智服人，说服要明确。某些人为了卖弄才华，极力修饰语句，用重复的形容词，或是故意用西方语言独有的倒装句法，或穿插歇后语、俏皮话，甚至引用经典、名人语录——如果你没有专心听他说话，或许根本弄不清他到底在说什么。现实生活中，经常有人花费了很大的精力说话，仍让人抓不住他所要表达的意思。说话时切记要说得精炼、简明扼要，在话未说出的时候，先在脑子里想好一个轮廓，然后，按照顺序一一说出来。

语言是促进人与人之间感情进一步融洽的润滑剂，是建立良好人际关系的基础，是沟通彼此意见的工具。一个善于交际和有着良好的人际关系的人，多半是一个善于谈话的人。谈话确实有些技巧，讲话不得要领、谈吐无精打采、总爱说让人扫兴泄气话的人，肯定不会得到好评。

说软话，服人心

有时，人难免因一时糊涂做一些不适当的事。遇到这种情况，就需要把握指责别人的分寸：既要指出对方的错误，又要保留对方的面子。这种情况下，如果分寸把握得不当，有时会使对方很难堪，破坏了朋友交情，并带来一系列严重的后果；有时会让对方占"便宜"的愿望得逞，给自己造成不必要的损失。

某干部到广州出差，在街头小货摊上买了几件衣服，付款时发现刚刚还在身上的一百多美元不见了；货摊边只有他和姑娘两人，他明知与姑娘有关，但没有抓住把柄。当他提及此事时，姑娘翻脸说他诬陷人。

在这种情况下，这位干部没有和她来"硬"的，而是压低声音，悄悄地说："姑娘，我一下子照顾了你五六十元的生意，你怎么能这样对待我呢？你在这个热闹街道摆摊，一个月收入几百上千，我想你绝对看不上那几张美元的。再说，你们做生意的，信誉要紧啊！"他见姑娘似有所动，又恳求道："人家托我买东西，好不容易换来百把块美元，丢了我真没法交代，你就替我仔细找找吧，或许忙乱中混到衣服里去了。我知道，你们个体户还是能体谅人的。"

姑娘终于被说动了，她就坡下驴，在衣服堆里找出了美元，不好意思地交给他。

说"软"话会让对方觉得自己是在吃糖，心里甜甜的。在上述案例中，这位干部的一番至情至理的说辞，不但使钱失而复得，而且还可能挽救了一个几乎沦为小偷的女青年。

现实生活中，人们普遍存在着吃软不吃硬的心态。特别是性格刚烈、很有主见的人，你如果说"硬"话，比如以命令的口吻，对方不但会不理睬，说不定比你还硬；如果你来"软"的，对方反倒产生同情心，纵使自己为难，也会顺应你的要求。

恳求就属于"软"话的一种。有很多时候，你要想说服人，说软话要比说硬话效果好得多。然而恳求并不是低三下四地哀求，而是一种"智斗"，是一种心理交锋。通过恳求的语言启发、开导，暗示对方并使对方按你的意思行事。

第八章

给对方好处，
利益互换最具说服力

每个人都很关心与自己有关的一些利益，当你想要说服一个人的时候，可以选择适当给他一些好处让他为之动心。在说服的过程中先把好处摆出来，利益互换才最具说服力。

利益是恒久的理由

每个人都很关心与自己有关的一些利益，当你想要说服一个人的时候，可以选择适当给他一些好处让他为之动心。

正如高薪是招聘优秀人才永不褪色的绝招一般，我们要想说服别人，让别人听从我们的建议或意见展开行动，那在一定程度上，就要满足对方对物质的需求。

金钱具有左右人们行为的力量。有这样一个故事：

瑞士有一位研究生成功研制了一支电子笔及一套辅助器件，可以用来修正遥感卫星拍摄下来的红外照片。

这项发明立即引起了全世界的关注。美国的一家大企业闻讯后，迅速派人找到了那位研究生，以优厚的待遇作为条件，要求这个研究生去美国工作、学习。当然，与此同时，瑞士以及其他国家的一些公司也想留住他。

于是，各方展开了激烈的人才争夺战。这些公司都无一例外地要给他高薪，随着筹码的不断增加，这场人才争夺战打得不可开交。

最后，精明而又大胆的美国公司代表说："现在，我们什么都不说了，等其他公司的最高薪酬确定了后，我再乘以 5。"

最终，这位研究生带着他的发明去了美国。

尽管给对方好处不是最好的方法，但往往是最有效的说服方法。人有两种需要，一种是精神上的，另一种是物质上的。为了说服对方，我们往往使用精神激励来满足他"心理上的需要"，用物质激励来满足他"生理上的需要"。由于物质是人类生存的基础和基本条件，衣食住行是人类最基本、最本质的需要，从这种意义上说，物质利益对人类具有永恒的意义，是个永恒的追求。

我们要想说服别人，就要善于利用利益的供给和分配。优秀的管理者总是乐于考虑给他的下属以较高的工资，高工资最能提高员工的稳定性。管理者都明白这样一个道理，真正的天才是无价的，即使是花费万金也在所不惜。薪酬能提供一种保障，能够给员工一种宽慰，这就好比农民有一片好土地，在风调雨顺的时候，可以保证他年年能有一个好的收成。

利益能够满足人们的基本生活的需要，钱能让人们买来所需要的生活必需品。在自给自足的社会里，人们可以自己生产绝大多数的生活必需品，而在现在高度商品化的社会中，我们需要钱购买所需要的一切，我们需要钱来支付我们的日常生活开支。我们的安全感在很大程度上建立在对金钱的拥有上。

现代心理学理论认为，人类的行为是一个可控的系统。借助于心理的方法，对人的行为进行研究和分析，并给予肯定和激励，使有利于生产、有益于社会的行为得到承认，达到定向控制的目的，使其强化，这样就能维持其动机，促进这些行为的保持和发展。

外国比较有名的企业一向对物质激励十分重视，认为这是激发人的动机、调动积极性的重要手段。在瑞典一家知名调查机构所得出的"最受MBA欢迎的50家企业"的调查报告中，宝洁公司榜上有名。无独有偶，在最近一份"最受中国大学生欢迎的外企"的调查报告中，宝洁公司依然名列前茅。宝洁公司如此受雇员的青睐，其中一个重要的原因就是宝洁公司为员工提供了比较有竞争力的薪酬。每年，宝洁公司都会请国际知名的咨询公司做市场调查，内容包括同类行业的薪酬水平、知名跨国公司的薪酬水平。然后根据调查结果及时调整薪酬水平，从而使宝洁的薪酬能够具有足够的竞争力。

有位学者说过，企业不仅仅要事业留人、感情留人，更需要金钱留人、福利留人。某个外国民意调查组织在研究以往20年的数据后发现，在所有的工作分类中，员工们都将工资与收益视为最重要或次重要的指标。

利益能极大地影响人的行为——我们在说服的过程中，自然要考虑到利用这一点。

在说服中巧用回报规律

回报规律说的是我们应当礼尚往来：如果对方给了我们什么好处，我们会觉得有必要做出回报。例如，有人给我们寄了一张元旦贺卡，我们应回寄一张；如果有人邀请我们吃饭，我们会回请他。

多年以前，印度教的克利须那教派发现了这种效果绝佳的说服技巧——巧妙利用回报的规律。

对于克利须那教派而言，扩张的主要收入来源大部分来自公众捐献。起初，克利须那教派的捐献尝试一败涂地。原因似乎也是显而易见的：克利须那教派的大多数募捐人员都是口中念念有词、剃着光头、身穿着橘黄色袍服和挂着念珠的十几岁孩子。许多美国的城镇甚至通过了禁止克利须那教派教徒行乞或募捐的法律，有些地方还发生了克利须那教派教徒与镇上人的混战。

然而，克利须那教派教徒很快就利用回报的规律，来一改它可怕的负面形象并诱使公众慷慨捐献。在不到十年的时间里，他们建立起了一个克利须那教派寺庙和聚居区的全球性网络。

克利须那教派教徒是如何利用回报规律的呢？很简单，仅仅是一朵鲜花。

有一位专门的学者花了很多时间在飞机场查看克利须那教徒的工作。

克利须那教派的募捐小组成员会挑选出一个目标，快速地向他冲去，二话不说就把一朵鲜花塞进他的手中。当该目标人抗议并且企图把鲜花归还时，克利须那教徒就拒绝，并说："这是我们送给你的礼物。"然后，那个克利须那教徒才请求捐献。一朵鲜花的礼物使人产生了一种责任感和负债感。目标人往往会给那个克利须那教徒一笔捐款或是购买一本高价的宣讲克利须那教义的《福者之歌》了债。

回报规律的威力之大，以致使被说服者能答应他们之前从未考虑过的，甚至是他们所不喜欢的人的请求。

有一项实验，两名学生在受训后向不知这是一项实验的工人们推销兑奖券。在开始推销兑奖券之前，其中一位学生故意千方百计地去讨人喜欢，对那些工友又和善又体贴；为了对比起见，另一位学生则千方百计地去惹人讨厌，又粗鲁又不为他人着想。

工人们休息时，那名粗鲁又不为别人着想的学生去买了几瓶可口可乐来给这些工友们喝。过了一会儿，两名学生就开口要他们这些工友帮一个忙："请你们买张兑奖券好吗？"

结果发现，那名不讨人喜欢而却利用回报规律的学生所售出的兑奖券是另一名学生的两倍之多，不管后者被认为是多么可爱。

绝大多数人通常会拒绝一些无关紧要的请求。要想增加说服他们的可能性也很简单，只要在提出请求之前先给他们一点小恩小惠就好了。

大宗货物销售商起码从半个多世纪之前就开始大量利用回报规律。销售刷子的上门销售员们往往先给每家一把便宜的刷子作为礼物，然后才开始其推销叫卖；食品商乐于在超市里丢下一大堆免费样品供人试吃；还有各种各样充满伪装的免费礼品……当然，它们真正的目的都与回报规律有关。

利益是最有效的诱饵

利益是人类永恒的追求。不管你的说服对象是谁，他既然存活在这个世界上，就一定依赖于对资源的占有。善于说服的人，会以贡献给对方利益为诱饵使之就范。

有人统计过冷战期间发生在美国的 139 起间谍案，结果发现有 55.4% 的美国人是出于金钱因素而充当间谍。

据说，谍报机构在进行招募时，总是优先考虑被招募对象是否贪财。曾任英国军情五局局长的罗杰·霍利斯曾有一句名言："我的经验是，每一个人无一例外地都有他的价格，只不过我的价值是极其昂贵的。"

弗兰克·博萨德是英国陆军谍报机构的高级官员，1956 年在德国工作，负责审讯叛逃出来的科学家、工程师和技术人员。几年之后，博萨德回到伦敦，在航空部负责经管有关导弹技术方面的情报资料。苏联的克格勃组织决定对他进行招募。

有一次，博萨德正在一个小酒馆用餐，在他旁边用餐的客人对侍者找给博萨德的硬币开起了玩笑，两人很快就熟悉起来。博萨德后来回忆道："我们很快进入了有关硬币的话题。"

那个名叫戈登的陌生人说，他对硬币也很有兴趣。博萨德发现，尽管他并没有提及自己的工作，但戈登似乎对他的工作了如指掌。他把话题引向了德国，勾起了博萨德对德国舒适生活的回忆，同时也引发了博萨德对回国工作后收入锐减的不满。戈登同情地看着博萨德，表示自己可以提供一些帮助。两人在一个饭店里见了面。戈登说明了他是代表苏联大使馆的，很想得到情报资料，并说愿意为此付出高价。然后，他交给博萨德200英镑。当时的博萨德正缺钱花，因此毫不犹豫地接受了这笔钱，并同意提供情报资料。

作为英国陆军谍报机构的高级官员，弗兰克·博萨德本是一个忠于国家的人，但在金钱利益的诱惑下，他很轻易地被俘虏了。光从这一点上，我们就能看出金钱的威力是何其巨大。我们在说服别人的过程中，如果能点明给对方好处的话，说服起来自然事半功倍。

当然，在这个世界上，也有很多不贪财的人，或是信奉"君子爱财，取之以道"的人。在说服这些人时，用金钱作为筹码反而会让他们极为反感。这就要求说服者因人而异，选择不同的诱饵。金钱并不是说服对方的唯一诱饵。"诱饵"是指能吸引住被说服者的一切东西。对于爱财的被说服者，我们选择委以钱财；对于不贪财的说服者，我们可以给予他其他方面的好处。

对于爱画的人，一幅好画会让他魂梦萦绕；对于爱国的人，国家的利益就是最能打动他的力量；对于饥饿的人，一钵热饭能使之热泪盈眶……我们在说服对方时，应该抓住最能打动对方的利益，使他不舍得回绝。

舍弃芝麻换西瓜，牺牲部分利益换取更大的利益

说服者为了获得更大程度上的满足，应该学会放弃一些微不足道的或者对整体利益影响不大的小利益，以示向对方妥协和退让，以换取更大的利益。

1952 年，日本松下电器公司就技术合作的有关问题与荷兰的菲利浦公司进行谈判。松下公司的董事长松下幸之助经过努力，把菲利浦公司要求销售额 7% 的技术援助费压低到 4.5%。但是，菲利浦公司要求对方将专利转让费定为 55 万美元，并且必须一次性付清才能够达成协议，否则就将取消合作。

当时松下电器公司的资本总额不过 5 亿日元，而 55 万美元的专利转

让费已经相当于 2 亿日元。如果总共只有 5 亿日元资本的松下公司一次性就要支付 2 亿日元，这对松下电器公司无疑是个相当沉重的打击，势必造成公司在经营上的窘迫局面和资金周转的巨大障碍，甚至有破产的危险。但是，如果不答应对方的条件，对方就要取消合作，公司之前的努力就将全部付诸东流，要不要答应对方的条件和要求是个相当关键的问题，要不要向对方妥协和退让也就被重新考虑起来。

松下幸之助感觉到，如果以妥协和退让同对方达成一致，会有利于日本电子工业的发展，同时更有利于松下电器公司的发展和壮大，但是这需要付出一笔巨大的资金款项，并且荷兰方面草拟的条约几乎完全偏向荷兰一方，比如规定松下电器若犯了什么错误，要接受一定的处罚，甚至会被没收机器等非常不利于松下公司的条款，而菲利浦公司犯了错误该怎么处罚则根本没有任何规定。

就在犹豫不决的时候，松下幸之助通过调查发现这样一个重要的信息，就是菲利浦公司的研究所有 3000 名研究人员，他们拥有先进的设备，每天进行着最新技术和产品的研究和开发。松下幸之助这个时候就想，如果创建一个同样规模和实力的研究所，可能需要花费几十亿日元的资金，并且要花很长的时间来培养这些研究员，而现在只用花费 2 亿日元就可以充分利用这个研究所的所有人员和设备，这是相当划算的交换啊。

想到这些，松下幸之助终于下定了决心，咬紧牙关同菲利浦公司签订了技术转让的条约。公司的发展果然如松下幸之助所预料的那样顺利，不久以后他就创立了松下电器子工业公司，菲利浦方面则派出了 3 名技师前往赴任。松下幸之助以 2 亿日元的代价，就利用了菲利浦公司最先进的技术和设备，为松下公司以后发展成为全世界有名的电器公司打下了坚实的基础。

关于松下电器公司同菲利浦公司的这场谈判，在形势对松下非常不利的情况下，松下幸之助运用以退为进的谈判策略，作出了极大的让步和妥协，接受了对方提出的苛刻的甚至不公平的条件，而最后则赢得了举世瞩目的松下电器公司的发展壮大。

牺牲自己的部分利益以换取更大的利益，是一种以退为进的策略，主要采用的是迂回战术，通过暂时的退让和妥协来达到进取的目的。在实际的说服过程中，先给对方一些好处不但能够给局势注入新的活力，改变进入僵局的尴尬气氛，而且还能够为自己带来最终的巨大利益。

给对方无尚的荣誉感

每个人心中都有一种希望获得别人肯定的欲望，这也是促使人类产生干劲的能源。如果能利用这种心理作用，即使是面对一些令人提不起精神的琐事或麻烦的工作，也能激起一个人的干劲。

有一所私立中学，在每年的旅行时，学校总要分一些事情给学生去做，但历年来被选出的学生都没有兴趣，或根本不想去做。直到有一年，学校把这些选出来的学生冠以"旅行委员"的头衔，结果，所有被选出来的学生都非常踊跃地抢着做。事实上，工作的内容完全不变，只是冠上了头衔而已。

头衔的功效，是针对一个人的荣誉感而产生的。法国历史上最伟大的军事家拿破仑就善于运用这种"赋予名号头衔"的方法。拿破仑曾经为他的军队定制了各种荣誉勋章，并颁发了15000个给他的部下，又把18个将军升为"法国元帅"，以及称他的军队为"无敌陆军"。有人批评拿破仑用"玩具"捉弄摆布饱受战争洗礼的老兵，而拿破仑则答道："人就是被玩具所统领的。"

美国一家全国性的卡车服务公司，只不过改了一下员工的头衔而已，便大大地提升了他们的服务质量。之前这家公司的管理阶层发现，他们所送的货物中有万分之六会被送错地方，这使得公司每年要额外赔上２５万美元的损失，为此，公司特别聘请了戴明博士作诊疗。戴明博士通过观察发现，这些送错的案子大多是因为该公司的司机看错送货契约所致。为了能一劳永逸地消除这样的错误，提高公司的服务品质，戴明博士建议最好把这些工人或司机的头衔改为技术员。

一开始，公司觉得戴明博士的建议有些奇怪，难道把职位头衔改一改就能把问题解决？难道这么简单就可以提高服务水平？可是没有多久绩效就出现了，在司机的头衔被改为技术员之后不到 30 天，先前万分之六的错误一下子便下降到了万分之一以下，也就是说，从此公司一年可以节省二十几万美元。

戴明博士的这种头衔赞美法，让员工感受到"我和别人做的工作不大一样"，这样，即使工作的内容没有改变、薪水没有增加，也能使他们产生干劲。

在现代社会里，以"头衔"作为诱导手段的处处可见。一个政治家可能拥有很多头衔，例如他可能是××公司的董事长或经理，又是××学会的会长，因为拥有很多头衔，往往在竞争中处于有利地位。

鲁丝·霍普斯金太太是一位小学老师。在开学的第一天，当她看过班上的学生名册后，在对新学期感到兴奋和快乐的同时却产生一丝忧虑，原来她班上有一个全校最顽皮的"坏孩子"——汤姆。汤姆三年级的老师，曾不断地向同事或校长抱怨。只要有任何人愿意听，他就会不停地说汤姆的坏话：他不只是恶作剧而已，跟男生打架，逗女生，对老师无礼，在班上扰乱秩序，而且情况好像愈来愈遭。但唯一能让人放心的是，他很快就能学会学校的各门功课，而且非常熟练。

霍普斯金太太决定立刻面对"汤姆问题"。当她见到她的新学生时，她这样说道："罗丝，你穿的衣服很漂亮；爱丽西亚，我听说你画画很不错……"

当她念到汤姆时，她直视着汤姆，对他说："汤姆，我知道你是个天生的领导人才，今年我要靠你帮我把这个班变成四年级最好的班。"

在开始的几天里，她一直强调着这一点，夸奖汤姆所做的一切，并评论他的行为证实他是一位很好的学生。有了值得奋斗的美名，即使是一个9岁大的男孩也不会令她失望。而他真的做到了这些。

戴尔·卡耐基曾说过，如果你希望改变其他人的态度和举止时，请记住这条规则："给他们一个美名，让他们为此而努力奋斗。"

第九章

混淆动机，
强调双方的共同目标

在说服别人的时候，为了增强信息的影响力就需要把劝说动机巧妙地"隐藏"起来，让被劝说者感到"意外"地获得了劝说的信息，可有效地增加信息的可信度。一句话，在说服中，要隐藏真实的动机，强调你们之间的共同目标。这样便很容易说服对方。

把说服的动机藏起来

古希腊有个神话，说宙斯给潘多拉一个盒子，盒子里面装着这个世界所有的罪恶和苦难。宙斯告诉她绝对不能打开。潘多拉很好奇，越是不让打开，她就越想打开盒子，看看里面到底装了什么。结果她打开了盒子，放出了世界上所有的罪恶。

这种心理在现实生活中确实存在，越是禁止的东西，人们越感兴趣，越难得到的东西，也就越显得珍贵。为什么会有这种现象呢？心理学家认为，人类有一种探究的本能，遇事都想知道个究竟，以揭示其奥秘。就是这个本能激发了人们的好奇心，驱使人们去解开事物的真相。

利用这个道理，我们要劝说别人的时候，为了增强信息的影响力，就需要把劝说动机巧妙地"隐藏"起来，让被劝说者感到"意外"地获得了劝说的信息，可有效地增加信息的可信度。

在改变人们的态度时，也可以根据逆反心理的特点，把某种劝说信息以不宜泄漏的方式表达给被劝说者，或者以不愿让人们多得的方式出现，就可能引起人们对这一信息的重视，使他们毫不怀疑地接受它。

　　有时候耳语也能起到这样的效果，喃喃细语是富有情趣的。恋人只有在很甜蜜的时候才会肩并肩地窃窃私语，吵架的时候绝不会如此。劝说他人也是如此。有个成语叫做"促膝长谈"，意思就是靠在一起说知心话。坐在一起面对面和风细雨地谈，比站着喊更能让人感到亲切。如果你说话的声音由于情感的融合而逐渐变小，那么心理的交流也就会逐渐顺畅，两个人的心沟通了，劝说自然也就容易起来。

要让他人感到重要，请教式说服术

　　在人际交往过程中，请教能起到拉近人与人之间关系的作用。在与人说话时，如果你主动以一种请教式的语态和对方说话，如"我想知道""请您给我指点"……往往能满足对方的自尊心，也更容易得到对方的信任，尤其是在请教对方一些极擅长的问题时更是如此。

　　譬如向上级表达自己的意见时，可以先用请教式的语气，向他征求指示："你的话我觉得很有深度，我是不是可以这样理解……"这时上级自然会有所指示，你再顺着他的意思说出自己的看法，这样就具有了针对性，说服变得更为容易。即使暂时不能说服他，也不会得罪他了。

有一位汽车商人，曾利用请教的技巧，成功地说服了一位顾客买下一辆二手汽车。这位商人带着顾客甲看过一辆又一辆的车子，但总是不对劲。这不适合，那不好用，价格又太高。在这种情况下，他就停止向顾客推销，而让他自动购买。几天之后，当顾客乙希望把他的旧车子换一辆新车的时候，这位商人就又打电话给顾客甲，请他过来帮个忙，提供一点建议。

顾客甲来了之后，汽车商说："你是一个很精明的买主，你懂得车子的价值。能不能请你看看这部车子，试试它的性能，然后再告诉我这辆车子别人应该出价多少才合算。"

顾客甲的脸上泛起笑容，很高兴地把车开了一圈后又转回来。"如果别人能以3000元买下这部车子，那他就买对了。"他建议说。

"如果我能以这个价钱把它卖给你，你是否愿意买它？"这位商人问道。

果然，事情出奇的顺利，这笔生意立刻成交了。

请教的说服方法运用起来很简单，效果也非常好。有经验的推销员对打消客户的疑虑，取得客户对自己的信任都有一套独特的方法，他们会巧妙地利用请教的方法来消除消费者的心理防线。例如：

推销员："先生，您好！"

客户："你是谁啊？"

推销员："我是某公司的某某，今天我到贵地，有两件事专程来请教您这位附近最有名的老板。"

客户："附近最有名的老板？"

推销员："是啊！根据我打听的结果，大伙儿都说这个问题最好请教您。"

客户："哦！大伙儿都说我啊！真不敢当，到底什么问题呢？"

推销员："实不相瞒，是……"

客户："站着不方便，请进来说话吧！"

就这样过了第一关，达到了接近客户的目的。这是不是轻而易举？

每个人都渴望别人的重视与赞美，只是很多人把这种需要隐藏在内心深处罢了。因此，只要你说"专程来请教您这位附近最有名的老板"时，几乎百试不败，没人会拒绝你。

在遇到一些难以说服的对手时，真诚地请教对方，有时能起到意想不到的说服效果。

请教的主要表现形式就是向对方求助或征求意见。比如，你可以问对方："我请您帮忙。""我想麻烦您一件事。""您认为如何？""我该怎么办？"这是一种间接的称赞。你或许认为它不能达到和直接称赞相同的效果。但是，如果你能运用得当，它绝对能够产生比直接称赞更大的效果。

还有一种更直接的说服方法，就是向说服的对象求助，使说服的对象成为说服者。

某中学有一位头号坏学生张三，纠集了同学二十余人，在校内横行霸道。很多老师做了工作却不见丝毫的成效，他们反而更加变本加厉地对抗老师，连校长都感到无可奈何。

新学期开始后，从另外一所中学转来一位年轻的老师，据说他对学生的教育和生活指导很有一套，于是被分去做张三的班主任。这位老师先是不动声色地了解了张三的情况，他了解到张三有两个伙伴，王五和丁六。虽然新老师的任务是教育张三，但他不直接去责备他，反而让张三去劝导王五和丁六。

于是，在某一个恰当的情况下，这位新老师对张三说："唉！老师想麻烦你一件事，我现在对王五和丁六两位同学感到很伤脑筋，可是又没有人能够帮上忙。思前想后只有求助你了，毕竟他们很听你的话。你去劝劝他们吧，否则他们以后可就麻烦了。"

张三想不到竟然得到了新老师的信任。于是他对王五和丁六进行了说服，不到几天工夫，王五和丁六就开始了重新做人。几天后，张三也面有愧色地对新老师说，他要好好学习，重新开始。

由此可知，要说服有问题的学生，如果用正面劝解的方式，很容易引起对方的反感。虽说这是他本人的问题，但也要当做与他无关，他便能很乐意地接受，并且不伤害到他的自尊心，他也能以客观的态度来看待、处理这些问题。当张三把王五和丁六说服后，他自然会反省自己的行为，并改过自新。

想要说服难以说服的人，何妨给予他一个说服别人的任务。

调动他人积极性，让对方参与进来

要想把你的想法和愿望变成对方的，就要让他加入你的阵营，参与你的活动。人的潜在心理经常会对和自己有关的事情有一种参与意识，有一种"想了解得更深"的"参加欲望"。虽然有时不想去理会某事，但这种想法却违背了潜在心理的要求。例如，平常总认为参加会议非常无聊而不去参加，但如果想到只有我一个没有参加，就会有强烈的被隔离感，这时从无法满足参加的欲望中，就产生了一种不满的心理。

美国心理学家弗里德曼和费拉瑟设计了这样一项实验：实验者登门拜访许多家庭主妇，希望她们支持一项宣传交通安全的活动，只要求她们在一张请愿书上签个名，并告诉她们这个请愿书将交给参议员，使他们为立法鼓励安全行车而努力。所访问的妇女几乎都同意签名。

几星期后，另一些实验人员又去要求许多妇女在她们家的庭院草坪上立一块写着"谨慎驾驶"的大牌子。结果，以前同意签名的妇女中有55%的人同意立大牌子，而起先未被要求在请愿书上签名的大多数妇女（83%）都拒绝了这一要求。

实验说明，即使对方对这类事情完全不感兴趣，但如果能在一开始就让对方成为参与这类事情的人，他们就会产生对该行动的态度，即觉得自己对参与的活动负有责任，这就消除了以后从事类似活动的对抗心理。所以，当随后再提出与此类事情相关的要求后，对方就感到不难接受了。

事实上，这种共同参与能让人与人之间建立起深厚的友谊。道理很简单，一起同甘共苦过的两个人感情自然就会很深。即使是陌生人，只要有过共同参与某件事情的体验也会马上成为好朋友。

有一个真实的例子：有一男一女，他们以前一直是一般的朋友关系。有一次，他们随一帮朋友一起去野外游玩。忽然刮起了大风，两人跟大队人马走散了。为了避风雨，两人逃进了不远处的山洞。经过这次接触之后，两个人的关系一天比一天好，半年后竟然结为伉俪。

注意到人的这层心理后，如果你想争取某个特定的人，具体做法就是让他参与谋事或共同行动。例如，对一些意志消沉的员工，如果能让他参与从未参加过的会议，很快，你就会发现这些平日里工作懒散的员工，此刻却充满干劲。

有些时候，我们无法让对方直接参与，如果能用一种"间接"的方式让对方参与进来，也会大有益处。

在学校里，对一些在课堂上吵闹的学生，大多数老师都以训斥的方法使学生暂时安静下来，但这种方法会令教室内的气氛顿时变得紧张，从而影响学生上课的情绪。一些有经验的老师都不会这么做，他们反而会有意无意地指点那些顽皮学生邻座的同学读一读课文或问一些问题，那些吵闹的同学便立刻安静下来，并且集中了注意力。这也可以说是用间接说服的方式，提醒他们参与上课的意识，而且也不会产生紧张的气氛。

这种做法也适用于会议中。在会议上，总有一些人对会议的参与意识十分淡泊，在会上半句话都不说，而对于会议的结论，又总是采取一种无所谓的消极态度。若是要他们发言，通常也不会有什么好的意见，所以用直接点名发言的方式，不一定起作用。如果集中指点其左右的人来发言，这样也可以提高他们的参与意识。因为他们觉得左右的人都相继发言了，自己也不好意思再继续保持缄默。这种心理反应对迫使他们积极发言最具效用，也不会产生直接点名带给他们的难堪和反抗心理。

站在对方的立场上去说服

在现实生活中，经常遇到这样的事：本来不大和睦的两兄弟因为父亲生病而恢复了感情；有了专门欺负别人的小孩子出现，原先互不认识的小朋友，反而会很快地亲近起来……俗话说，"团结一致，抵抗外侮"，说的就是这样的情况。本来关系不深甚至心存反感的双方，一旦面临着"共同的敌人"，就会抛弃成见、携手合作起来。

这个原理也可以运用在说服过程中。在说服对方时，我们可以强调一个共同的敌人，和对方缔结同盟，从而拉近距离，加强合作。这时候的说服就变成了内部的说服、消除了心理防御的说服，自然容易达到效果。所谓共同的敌人，不一定是指专人，也可以是某件事、某个项目。譬如在公司里，就可以将某项工作当做"共同的目标"。

据说有一位老科长，遇到手下工作人员之间有矛盾时，从来只有一句话："工作第一，有什么争论，等工作完了再去说。"

这句话的效果特别好，不仅有道理，而且能解决问题。因为在"工作第一"的大前提下，不论是感情的纠纷也好、反感也罢，这些不良因素都暂时被压制下去，而工作人员则团结一心地对付起工作来。

在我国唐朝，围棋名手曾创立了经典的"围棋十诀"，其中有一诀是"势孤取和"，意思就是当自己力量不够，无力和对方抗衡时，最好先和对方和解或先顺着对方的意，不要正面和对方起冲突，宁可屈身等待时机。

说服时也是如此，如果对方的势力比你强，或者情势上不允许你强出头，当对方非常坚持自己的立场时，你最好不要正面反驳。这时，你该意识到，对方是一面墙，是一把剑，你若再正面冲过去，难免有皮肉之伤，甚至造成不可收拾的后果，即对方拒绝再和你沟通或者彼此形成敌对的状态。

这个时候，你可以先和他站在同一边，强调彼此是为了一个共同的目标，然后再根据他的看法，加上你的建议，进行"润物无声"式的说服，这么一来，对方就会把剑收回，把墙挪开。

例如，当对方这样说："虽然我们公司很想买升级电脑，但最重要的是费用上的考虑。"你就可以回答："我了解贵公司有费用上的考虑，所以我才会提这样的建议。升级电脑不仅处理速度快，还可以搭配更多应用软件，使用升级电脑可以使人事费用和其他业务成本得到大幅度的降低，从长期来说，贵公司可以因此省下更多的经费。"

对方听到可以省更多费用，很可能立刻答应签约。

这是一个很典型的案例。这个策略主要是让对方意想不到：我们竟然会同意他的看法，而且居然和他站在同一边。如此一来，对方就很难拒绝和你合作，这是很常用的心理战术之一。

同样的攻心策略也可以运用在公司内部。每个公司多少都会有比较顽固或激进的员工，这时，身为上司的你就可以对下属说：

"你的意见我非常赞成，我也愿意支持你去做，但是，只要有任何差错，我这个支持者就会失去舞台，甚至要扛下责任，到时候，恐怕没人敢再支持你了。"

这时候，激进的下属想到会连累你，反而会静下心来反省自己；或者，在执行你支持他的任务时，对自己很有信心的下属会特别小心，以免失去你这个唯一的支持者。

制造共同的"敌人"，给他人同仇敌忾的感觉

在说服别人时，要懂得将小的共同点扩大，树立"共同的敌人"，使双方有同仇敌忾的感觉。《孙子兵法》中有"吴越同舟"这么一句话，原意是讲吴国和越国本是敌对的双方，但因同时面对魏国的威胁，在不得已的情况下，两国只好尽释前嫌，以对付共同的敌人。

这样的例子很多：第二次世界大战期间，苏、美、英等国家为了共同对付法西斯集团的进攻，抛弃意识形态方面的成见，携手并肩，取得了伟大的反法西斯战争的胜利；抗日战争打响后，中国的国民党和共产党在民族大义面前，实行国共合作，团结一致，取得了抗日战争的胜利。

一旦出现了强大的共同敌人时，即使是敌对的两方也会成为合作的对象。

有一个简单的实验可以证明：以三个人为一组，让他们做简单的"撞

球游戏"比赛，淘汰到最后只剩下一个人获胜。于是这三个人就分别构成了敌对的关系。这场比赛如果有一个人遥遥领先的话，那么在比赛途中，其他两个人就会联合起来，阻碍领先的这个人获胜。由实验的结果可以看出，大部分的弱者都会联合起来抵抗强者，这和"吴越同舟"的心理状态是一致的。

其实，"共同的敌人"并不见得真的存在，但可以故意制造一个"假想的敌人"。当然，这必须具有高超的演技，如果演得不够生动，反而会使对方产生反感。不过，为了能够引导一个持相反意见的人反过来赞成自己的意见，这种方法是值得一试的。

有一位语文老师语言偏激，常常对犯错的学生冷嘲热讽，令那些自尊心强的学生难堪不已，所以在他执教的学校里，他算是一位不受学生欢迎的老师。

不巧的是，某天他在教学时，不小心在语法问题上犯了一个明显的错误，并当场被一名昔日被他嘲讽过而耿耿于怀的学生发觉。

这名学生马上逮住报复的机会，丝毫不客气地指出错误，此时所有的学生都安静不语，想看看平时嚣张跋扈的老师会如何应付。

这名教师不知如何面对这个窘境，一阵面红耳赤，但他毕竟有很长时间的教学经验，略懂得一些语言技巧上的进退策略。

过了一会儿，他冷静下来说："噢，看你平时上课心不在焉，想不到居然这么细心，连这么不起眼的毛病都被你发现了，其他同学是怎么回事？
为什么疏忽了这个错误呢？"

这位学生本来是以报复的心态向老师展开攻击，不料竟得到一贯偏激
的老师当众赞扬，刹那间一种自豪的满足感溢满胸怀，马上又觉得这位老
师其实也有可爱之处，并不是那种人见人嫌的人物。

这位老师在事故中发挥了他的语言长处，给这位企图让他难堪的学生
戴了一顶高帽子，将他拉到自己的阵营中，自然地将话题引向"其他同学
是怎么回事""为什么疏忽了这个错误"上，自然淡化了他之前的失误。

巧妙地制造出一个共同"敌人"，就可能解除对立者之间的警戒状态，
将对方的意见和态度引导到对自己有利的方向。例如在竞争市场上，具有
同样竞争力的中小企业，彼此间往往会产生纠纷，并演变到水火不容的地步。
这时，如果有一方提出"我们如果继续这样敌对的话，会让某公司坐享渔
翁之利的"，对方也会产生一种危机感。为了当前的利益，双方就会减弱
敌对情绪，进而使彼此之间产生和谐并接受的气氛。

强调你与他的共同目标

在说服过程中，我们应该注意把不同的利益设法转变为共同的利益，

方法就是就双方的目标进行不断地沟通，包括发展共同的利益、需要，强调双方可以通过协议达成一致，而不是酝酿不一致的目标。

谈判大师科恩曾说过自己的一个例子。

那时，科恩在美国爱荷华州处理一些公务。一天，他和老朋友盖瑞和珍妮夫妇一起吃晚餐。科恩问："怎么了？你们看起来不太好。"

盖瑞摆弄着叉子说："科恩，你不会相信的，我们两个人在决定如何度过今年的假期，有一点小麻烦。我想要到明尼苏达州北部去度假，也许到加拿大吧，那儿很适合打高尔夫球；珍妮却想到德州伍兰的一个休闲中心打网球。"

"我们正在读高中的儿子，对水的疯狂就像是来自黑泽湖的怪物一样，想要到密苏里州南方的奥沙克湖。"珍妮打断盖瑞的话说，"我们念小学的儿子想要再去奥迪桑大斯山，因为他有一篇关于山的文章。我们的女儿，正念大学，她今年却不在乎去哪儿。"

科恩问："为什么会这样？"

盖瑞嘀咕道："因为她渴望宁静，她喜欢在我们家的后院沐浴阳光，研究法律学校的型向测验，但我们不想把她一个人留在家里。"

科恩说："嗯，你们的假期真是遍布了各个角落。明尼苏达州、德州、奥迪桑大斯山、奥沙克湖和你们家的后院。"

"也许你会认为讨论假期应该是一件愉快的事，可我们却一直不停地争论、冲突！"珍妮说。

科恩慢慢地将他们零碎的信息组合起来。在服务员登记菜单之后，科恩说："如果你们不介意我这么说的话——我想说的是，你们大概将这个问题导向错误的方向了。"

盖瑞和珍妮异口同声道："我们洗耳恭听。"

科恩说："你们应该试试你们大家不仅都要赞成而且都很乐意接受的办法。"

"怎么做呢？"

科恩说："据我所知，你们五个都像敌人一样地反对对方，而不是共同来解决问题。"科恩看着盖瑞："根据你的说法，你的需求是打高尔夫球。"

盖瑞说："对。"

科恩对珍妮说："你的需求是打网球。"

"一点不错。"

"而你们真正的需求并不是非得要去德州或者加拿大才能做到，这些只是你们认为可以满足你们需求的方法而已。"

他们两个都鼓起了嘴巴。

科恩继续说："你们最小的儿子要看山；你们的次子想要游泳、钓鱼；你们的女儿想在家研究测验，所有这些都不能共存吗？"

盖瑞说："我不知道，也许不能吧。"

科恩建议说："为什么不试试呢？开个家庭会，在刚开始的时候，不要讨论个人的方法和选择，只要将重点放在最后的结果上。换句话说，也就是将重点放在如何满足每个人的问题上。"

盖瑞和珍妮对视一眼："好吧，我们试试。"

一个月后，科恩在办公室接到盖瑞的电话。

盖瑞大声说："我们成功了！我们的假期找到了一个共同性的解决方法——全家去科罗拉多州的维尔。"

科恩问："为什么？"

"因为它符合我们全家每个人的需求。那儿有我的高尔夫球场，有珍妮的网球场，有我们小儿子想要的真正的高山，也有我们大儿子游泳和钓鱼的地方，更有安静的环境供我们的女儿读书。你觉得怎么样呢？"

科恩说："太好了！"

对盖瑞一家来说，每个人都是胜利者。

"我们要去哪儿？"这个讨论并没有以对立的场面再次出现。大家关心别人的感觉和意愿，个人的意愿在和谐的气氛中与他人的意愿融合在一起。这是在合作的形式下进行的讨论，避免了争论。五个对立的意见结合成一股力量解决困难，在讨论之前，大家已经共同认识了讨论的重点所在，那就是——找出让大家都满意的答案。

第十章

说服有禁忌，
那些让说服力大打折扣的错误

说服有禁忌，有些人总是在不知不觉中就犯了说服的大忌：一打开话匣子就喋喋不休、滔滔不绝地说个没完没了；感觉关系近就口无遮拦，什么都说，什么都敢说；感觉是为对方着想就简单粗暴的一番好言相劝……殊不知这些都是说服过程中的雷区，是说服的禁忌。

说服中最忌滔滔不绝、自说自话

在说服的过程中，有些人一旦打开话匣子就顾不上别人的反应，自始至终独唱主角——喋喋不休地推销自己的想法或意见，滔滔不绝地诉说自己的故事……浑然不倾听的人有何感受。

因为业务关系，小王曾经遇到这样一个人，每当她说起话来，总是滔滔不绝如黄河决堤般一发不可收拾。小王本是很会说话的人，想在她那里插上几句话，却始终没有机会。最近一次见面，那位女士兴致高昂地叙述她的事业是如何蓬勃，小王则僵着一张笑脸在桌上拨弄着文具。30分钟过后，小王终于鼓起勇气对她说："对不起，待会儿我还有事，我先走了！"

有个名人说过，漫无边际的喋喋不休无疑是在打自己付费的长途电话。这样不但不能表现自己的交谈口才，反而令人生厌。如同上文中的那位女士，她的"单口相声"非但没能达到交流思想和增进感情的效果，相反让她饱尝了唱独角戏的苦果。

人人皆对自己的经历和所做的事情怀有莫大的兴趣，人们最高兴的也莫过于对他人谈论这些事情。但过分地谈论这些，往往会使听者失去兴趣。

我们身边有许多这样的人：有的人做了一个十分有趣的梦，觉得亲临其境，其乐无穷，结果逢人便说，不厌其烦。还有的人则喜欢数萝卜下窖似地讲述自己的经历，如上中学时怎样，上大学时怎样，参加工作时怎样，后来又怎样……如此等等。但是我们仔细想一想，自己有兴趣的事情，别人也会像我们一样有兴趣吗？

那些断续破碎、稀奇古怪的梦境，往往做梦者本人津津乐道，但别人听来却非常枯燥，如果听者对说话者提到的往事、人物、地点，一点都不熟悉，那就更难产生共鸣了。

一般说服性的谈话，跟站在教室中教课或是站在演讲台上演说有很大不同，说话者和听话者的地位是平等的。如果你总是一个人在滔滔不绝如高山瀑布永不停止地倾泻着，那对方就没有说话的机会，完全是你说别人听了。这样你肯定不会受人欢迎，甚至会被别人耻笑。

每一个人都有发表欲。一个商店的售货员如果只会拼命地称赞货物怎样好，而不给顾客说话的机会，就不能算作会做生意。因为，很少有顾客会完全相信一个人的巧舌如簧。你只有给顾客说话的机会，鼓励他对货物进行询问或批评，使双方形成讨论和商谈才有机会做成你的生意。

一位钢铁大王说："倾听是我们对任何人的一种至高的恭维。"心理学家杰克·伍德说："很少人能拒绝接受专心注意、倾听所包含的赞美。"所以说，注意倾听别人的讲话，而"倾听"本身就是一种"无言的赞美和恭维"。

你如果能够给别人以说话的机会，你也就给人留下了一个好印象，在接下来的交谈中你就更容易乘风远扬，顺利抵达自己说话的目的地。有这样一个小故事，道理讲得很明白。有一个卖货的小店，生意比其他店好，别人问店主为什么，他说："我只是爱听客人说话，他们有事愿到我这儿来。"

说服中切忌稍微亲近就口无遮拦

我们在与人交往中，常常会听到这样的话："我这人是个直脾气，说错了你别见怪。"乍一听挺真诚，仔细推敲起来不免包含了另外一种意义，即给自己说错话或可能说错话开脱。那么既然有开脱之嫌，时间一长，难免会被听者窥破。这样一来，即使你当时确乎真心，也许还是会被对方误解，从而产生芥蒂。

在交谈中，每说一句话之前，都要考虑一下你要说的话是否合适，不要口无遮拦，想说什么就说什么，给其他人造成不快。

老王和老张平时爱开玩笑，几天没有见，一见面一个就说："你还没有'死'呀？"对方也不计较，回一句："我等着给你送花圈呢。"两个人哈哈一笑了事。

后来，老王因病重住进了医院，老张去看望，一见面想逗逗他，又说："你还没有'死'呀？"这一次，老王变了脸，生气地说："滚，你滚。"

把他赶了出去。

　　即使是亲密无间的朋友，说话也不能口无遮拦，不考虑别人的感受。有些人说话之所以惹恼人，并不是因为他们不会说话，而是因为场合观念淡薄。所以，对于这些人来说，当务之急在于增强场合意识，学会分辨不宜直接说出口的话，要学会用婉转的语言来表达，以免给对方造成不良刺激，破坏谈话的情绪，甚至使谈话无法进行下去。

　　委婉和含蓄是紧密相连的，并非花言巧语、含糊其辞。因为它既不是为了哗众取宠，要什么花招，也不是语言不清、态度不诚恳，不让人弄明白什么意思。它是一种富于智慧、独具魅力的表达技巧，是为某种需要而采用的办法。培根说："含蓄和得体，比口若悬河更可贵。"说明某些问题，适应某种场合，含蓄委婉的说话比直来直去让人受用得多。

　　鲁迅有个叫川岛的日本学生，由于谈恋爱浪费很多时间，鲁迅为了提醒他，在送他的书上写道：

　　请你从"情人的拥抱"里，

　　暂时伸出一只手来，

　　接受着枯燥无味的

　　《中国小说史略》……

鲁迅的题词是含蓄的批评、含笑的提醒，不露声色而又意味深长。这样的赠言必然会让人在一笑之余陷入深思和反省。

1984 年，年已 7 旬的里根同年轻的蒙·代尔竞选总统。里根发表竞选演说时，有记者问："你不认为在这次选举中年龄会成为问题吗？"里根回答："我不打算利用我的对手年轻和阅历不深这一弱点。"

记者和里根的话都有"潜语"：记者认为里根年纪大了；里根认为自己有经验。短短一句话，既扬己之长，又揭人之短，既毫不留情，又委婉客气。

据说多年前，某个企业家飞赴内地创办公司，受到各方重视，一下飞机就有记者采访。一位女记者问他："你带了多少钱来？"企业家随口便答："对女士不能问岁数，对男士不能问钱数。小姐，你说对吗？"

这位企业家含蓄回避，而又幽默俏皮，比之"支支吾吾""哼哼哈哈"来掩饰，或"恕我直言，无可奉告"来拒绝，效果明显要强上百倍。

要诚实，不懂装懂会让说服前功尽弃

如果凡事都一无所知，心里便容易产生惟恐落于人后的压迫感，这也是人们常见的心态。在绝不服输或"输人不输阵"的好胜心作祟下，一些一知半解的人处处装腔作势不懂装懂，以此来保全自己的面子。

这样的人并非是直率，就连单纯的事他都要咬文嚼字地卖弄一番，看起来好像是很精于大道理，一副什么都懂的样子，说穿了只是由于强烈的自我表现欲所产生的虚荣心在作祟。

但在生活中，有些人乍看之下很平凡且没有可贵之处，而经过认真的交谈之后，就能够很直接地被其内心的思想所感染，这种人待人往往坦诚直率，所使用的词汇也往往简单明了。朋友关系必须建立在真诚之上，花哨不实的言论只适合逢场作戏，朋友是靠互相感动吸引，而不是硬性地逼迫对方接受自己的意见。为了强硬地使对方接受自己的意见，卖弄一些偏僻冷门的词汇，来表现自己的水平高人一等，对方只会觉得和你格格不入而无法接受你。

不难看出，愈是爱表现的人，愈是无法精通每件事。交朋友应该是互相地取长补短，别人比自己专精的地方就不耻下问，即使是自己很专精的事，也要以很谦虚的态度来展现实力，这样才能说服他人。

所谓很谦虚的态度，是指对于自己专精的事物，不妨表示一下自己的意见，只是说话技巧要高明。

现代社会可以说是一个高度复杂的信息时代，每个人所吸收的知识都不可能包含万事万物。若没有虚心的态度与人交往，如何能够受到大家的欢迎？凡事都自以为是的人，必然得不到大家的尊敬。

因为不论是不懂装懂或是真的无知，都同样有损交际范围的扩展。

有位不具规模的小杂志社社长李先生，不管在什么场合，他总喜欢装腔作势，故意降低自己的声调来表现出庄重的样子。不但如此，他也总是一副无所不知的模样，老是让人觉得他是在作自我宣传。

然而，不论他再怎么装腔作势，夹着再多的暗示性话语或外语来发表高见，还是得不到他人的认同。而这位仁兄所出版的杂志或周刊，也永远上不了台面。他所出版的刊物，总是被人批评为现学现卖、肤浅的杂学之流，因为他对任何事都喜欢来评判。当他一开口说话，旁边的人就说："天啊！又要开始了。"然后便咬着牙，万分痛苦地忍着。

像李先生这样的行为，和说大话、吹牛并无不同。自己本来没有高人一等的智慧，却装出一副什么都知道的样子，会让人看作是虚张声势的伪君子。在朋友关系中最令人敬而远之的，就是这种总是不懂装懂的人。承认自己也有不知道的事并不丢人，为了要自抬身价而不懂装懂，一旦被对方看穿，反而会令对方产生不信任感而不愿与你交往。

"闻道有先后，术业有专攻。"每个人都有自己的专长，不可能每件事都很精通。所以，在人际交往中一定要保持一个良好的心态，切忌不懂装懂。

说服中切忌不拘小节粗枝大叶

人们在日常交谈中常会犯些小毛病，有些人认为这都是生活中的小节，所以不去重视，甚至用"君子行大礼而不拘小节"来宽慰自己，而不知道就是因为这些不起眼的小节，在时刻影响着自己的说话形象，减低对方与你交谈的兴趣，甚而惹起别人的反感，所以还是小心防范，并设法加以纠正为好。

1. 咬字不清

有的人在谈话中，常常会有些字句含含糊糊，叫人听不清楚或者误解了他的意思。所以，不说则已，只要开口，就最好把每个字都清楚准确地说出来。

2. 话有杂音

这比喜欢用多余的字句更令人不舒服。有些人在说话的时候会加上许多没有意义的杂音。例如一边说着话，鼻子里面一边"哼哼"地响着，或是每说一句话之前，必先清清自己的喉咙，还有人一句话里面加上几个"呃"字……这些杂音会使人产生一种生理上的不快之感，好像给你的精彩的语言蒙上一层灰尘。

3. 用字笼统

有些人喜欢用一个字代替许多字，譬如，在所有满意的场合，都用一个"好"字来代替。"这歌唱得真好！""这是一篇好文章。""这山好，水也好！""这房子很好。""这个人很好。"……其实，别人很想知道一切究竟是怎样的好法。这房子是宽敞，还是设计得很别致呢？是材料很结实吗？这人是很老实呢，还是很慷慨、很喜欢别人呢？单是一个"好"字，就叫人有点摸不着头脑。还有这样的人，用"那个"这两个字代替几乎所有的形容词，例如："这部影片的确是很那个的。""这件事未免太那个了。""这封信叫人看了很那个的。"……产生这一类毛病，主要是由于头脑偷懒，不肯多费一点精力去寻找一个适当的字眼。如果放任这种习惯，所说的话就容易使人觉得笼统空洞，没有内容，因而也就得不到别人适当的重视了。

4. 过于夸张

有人喜欢用夸张的语言去强调一件事物的特性，以引起别人的注意。但也有人无论在什么场合都采用这种说法。例如："这个意见非常重要！""这本书写得非常精彩。""这是一部非常伟大的戏剧。""这种做法是极端危险的。""这个女人简直是无法形容的美丽。"……如此这般，讲得多了，别人也就自然而然地把你所夸大的字眼都大打折扣，这就使你语言的威信大为降低了。

5. 逻辑凌乱

在叙说事理的时候，最重要的是层次清晰、条理分明。所以，在交谈以前，先在脑子里将所要讲的事物好好地整理一下，分成几个清楚明确的段落，摒除不大重要的细节。不然的话，说话就会拖拖拉拉夹杂不清了。特别是当一个人叙述自己亲身经历的时候，因为特别起劲，巴不得把所见所闻全盘托出，结果却叫人听起来非常吃力。

6.矫揉造作

矫揉造作有多种形式的表现：有的人喜欢在交谈中加进几句英文或法文；有的人喜欢在谈话中加进几个学术性的名词；有的人喜欢把一些流行的字眼挂在口头；有的人又喜欢引用几句名言，放在并不适当的地方。这会让人觉得你在卖弄学识，故作高深，还不如自然、平实的言语更容易让人接受。

忠言也要顺耳，切忌简单粗暴

生活中很多人因为担心忠言逆耳，别人不接受，所以面对别人出现的错误宁愿三缄其口，也不愿吐一个能够劝告别人的字，虽然他（她）因此从未得罪过生活在他身边的人，但他（她）却无疑失去了很多很好的朋友。我们常说，忠告对于帮助他人和建立真诚的人际关系，起着难以替代的重要作用。那么反过来讲，不能给予他人忠告的人不是真诚的人，这种人不能将自己的真实感受忠告于对方，也就无法得到对方的关爱。因此，我们应该欢迎忠告，更应该给人以忠告，但我们可以讲究忠告的方式。

人都有不是或做得不对的时候，如果这时你粗暴提出警告，别人会难以接受。即应该用适当方式进行忠告。

1. 谨慎行事

说到底，忠告是为了对方，为对方好是根本出发点。因此，要让对方明白你的一番好意，就必须谨慎行事，不可疏忽大意，随便草率。此外，讲话时态度一定要谦和、诚恳，用语不能激烈，也不必过于委婉，否则对方就会产生你教训他或你假惺惺的反感情绪。

2. 选择时机

选择适当的场合和时机，是忠告的第二个要素。比如，当部下尽了最大努力而事情最终没有办好时，最好不要向他们提出忠告。如果你在这时不适时宜地说"如果不那样就不致这么糟了"之类的话，即使你指出了问题的要害且很在理，而部下心里却会顿生"你没看见我已拼出死命了吗"的反感，效果当然就不会好了。相反，如果此时你能先说几句"辛苦你了""你已做了最大的努力""这事的确比较难办"的安慰话，然后再与部下一起分析失败的原因，最终部下是会欣然接受你的忠告的。除此之外，在什么场合提出忠告也很重要。原则上讲，提出忠告时，最好以一对一，避开耳目，尽量避免当着他人的面向对方提出忠告。

3. 切勿比较

忠告的第三个要素，就是不要以事与事、人与人比较的方式提出忠告。因为此时的比较，往往是拿别人的长比对方的短，这样很容易伤害对方的自尊心。

例如，"我说二强呀，你看隔壁家的小正多有礼貌，多乖啊！你和小正同年生，你还比他大两个月哩，你要好好向他学习，做个好孩子哟！"
一位母亲这么忠告自己的儿子。

"哼，嘴里整天是小正这也好那也好，干脆让他做你的儿子算了！"

儿子的自尊心受到伤害，母亲的忠告效果是适得其反的。

再如，"我说，你看王太太哪天不是整整齐齐的，而你总是不修边幅，你就不能学学人家的好样吗？"丈夫对不整洁的妻子提出了忠告。

"学学人家？你的收入有人家丈夫多吗？如果你有了钱，难道我还不会打扮？"

虽然妻子明明知道自己的弱点，但出于自尊心，她没好气地回敬着丈夫，丈夫的忠告失败了。